H. GLESS 1975

MONSIEUR
DE
BOISDHYVER

PAR

CHAMPFLEURY

3

PARIS
ALEXANDRE CADOT, ÉDITEUR
37, rue Serpente.
—
1857

MONSIEUR DE BOISDHYVER

2451

22173

Ouvrages du marquis de Foudras.

Un amour de vieillard	3 vol.
Les veillées de Saint-Hubert	2 vol.
Aventures de M. le Baron tomes 3, 4 et derniers).	2 vol.
Un Grand Comédien	3 vol.
Un Drame en famille	5 vol.
Suzanne d'Estouville in-18 (for. Charp.)	2 vol.
Le Chevalier d'Estagnol	6 vol.
Diane et Vénus	4 vol.
Madeleine repentante	4 vol.
Un Caprice de grande dame (for. Charp.)	5 vol.
Un Capitaine de Beauvoisis	4 vol.
Jacques de Brancion	5 vol.
Les Gentilshommes chasseurs	2 vol.
Les Viveurs d'autrefois	4 vol.
Madame de Miremont	2 vol.
Lord Algernon (suite de *Mad. de Miremont*)	4 vol.
Le Capitaine Lacurée	4 vol.
La comtesse Alvinzi	2 vol.
Tristan de Beauregard (in-18 for. Chap.)	1 vol.
Les Hommes des Bois	2 vol.
Le beau Favori	3 vol.
Le bonhomme Maurevert	2 vol.

Ouvrages de G. de la Landelle.

Le Château de Noirac	2 vol.
L'Honneur de la Famille	2 vol.
Les Princes d'Ebène	5 vol.
Falkar le Rouge (suite aux *Princes d'Ébène*)	5 vol.
Le Morne aux Serpents	2 vol.
Les Iles de Glace	4 vol.
Une Haine à bord	2 vol.
L'Eau et le Feu	2 vol.
Les deux Routes de la Vie	4 vol.
La meilleure part	4 vol.

Ouvrages d'Adrien Robert.

Lord (le) de l'Amirauté	3 vol.
Le Mauvais Monde	2 vol.
Jean qui pleure et Jean qui rit	2 vol.
Les Amours mortels	2 vol.
Les Diables roses	4 vol.

Fontainebleau, imp. de E. Jacquin.

MONSIEUR DE BOISDHYVER

PAR

CHAMPFLEURY

3

PARIS
ALEXANDRE CADOT, ÉDITEUR
37, rue Serpente

1857

I

La distribution de pains.

Séparé par sa propre volonté de Suzanne, Cyprien allait de nouveau se retrouver vis-à-vis d'elle. Cet accident ne provenait-il pas d'un mystérieux enchaînement de choses que l'esprit humain est incapable de résoudre? Cyprien en arrivait presque à se réjouir de la maladie de Suzanne, tant la passion rend égoïste. Maintenant les occasions ne lui manqueraient pas de rendre visite aux dames Le Pelletier, et plus la maladie était vive, plus les fréquentations paraissaient naturelles. Aussi le lendemain matin, dès le petit jour, Cyprien était-il éveillé et appelait-il les premiers rayons de soleil, comme ces enfants qui, le cerveau frappé par l'idée des jolis cadeaux qu'ils rêvent, ouvrent des yeux joyeux aussitôt que sonnent les premières heures de la nouvelle année. Premières et douces sensations d'affections au début, qui pourra jamais vous peindre, vous rendre avec le charme qu'elles laissent dans l'esprit! Tout ce qui nous entoure en ressent une douce influence, les moindres objets de la nature en sont colorés de teintes fraîches et vivaces, et, de même qu'on en devient meilleur, les hommes aussi semblent meilleurs.

Cyprien, pour la première fois de sa vie, sentit quelques traces de coquetterie germer en lui : il arrangea ses cheveux bouclés avec plus de précaution que de coutume ; il trouva que sa soutane était un peu plissée et que la ganse moirée de son chapeau avait besoin d'être renouvelée. Quoique les boucles d'acier ciselé de ses souliers fussent de grande cérémonie, il les sortit de l'armoire pour les comparer avec les boucles d'or dont M. de Boisdhyver lui avait fait cadeau, et qu'il portait la veille. S'il eût osé, il serait entré chez le coiffeur pour faire donner un coup de fer à ses cheveux, quoiqu'il eût entendu blâmer sévèrement ces soins extrêmes reprochés à l'abbé Gloriot. Certes, Cyprien n'eût pas porté à sa boutonnière une grosse rose, mais un coup de fer est si peu apparent, qu'il est permis de le mettre sur le compte de la nature des cheveux trop bien bouclés.

Ce fut en passant devant la boutique du coiffeur que Cyprien se laissa aller à ces idées; mais il doubla le pas en jetant un regard de côté dans l'intérieur du magasin, qu'on ne pouvait malheureusement pas sonder, car les rideaux étaient tirés avec soin, et il était impossible de reconnaître si des pratiques se trouvaient dans la boutique. Cyprien soupira d'avoir manqué cette occasion : il était si matin que certainement personne ne le rencontrerait. Le mal était-il énorme? Sans doute, on reprochait à l'abbé Gloriot le soin qu'il prenait de sa personne, mais par là on sous-entendait bien des gros péchés sensuels que cet extérieur annonçait. Cyprien ralentissait sa marche et marchait timidement, comme quelqu'un qui hésite à revenir sur ses pas; effectivement, le démon qui le tenait à cette heure était un démon excessivement grêlé qu'on appelait Cador, qui avait pour sceptre des fers à friser singulièrement tentants.

Cyprien se retourna et revint vers la boutique de Cador avec autant de lenteur qu'il avait mis de précipitation à s'en éloigner cinq minutes auparavant. Diverses raisons combattaient contre l'arrangement de sa chevelure. Si un de ces gens bavards de petite ville qui font élection de domicile dans la maison du barbier rencontrait Cyprien, que faire? Tout Bayeux le saurait, Cador étant le coiffeur à la mode de Bayeux; il coiffe les principales bourgeoises, fournit de tours la noblesse féminine et de perruques les chevaliers et les vicomtes de la rue du Cloître. Une idée nouvelle poussa Cyprien vers la boutique du coiffeur : il était tout naturel qu'il fît rafraîchir sa tournure; quoiqu'il y eût pour le séminaire et l'évêché un perruquier spécialement affecté à cette besogne, il pouvait se présenter chez Cador sans inspirer de soupçons. Cependant, ce ne fut pas sans une certaine crainte qu'il tourna le bouton de cuivre de la porte du magasin, car il se sentait coupable, et sa conscience lui reprochait cette démarche. Heureusement, la boutique était vide ; une dame seule le regarda avec ses yeux de faïence et ses cils allongés. C'était une personne de cire, aux airs penchés, à la bouche souriante et vermillonnée, le buste chastement enveloppé d'un fichu de nuit que Cador lui mettait tous les soirs, afin de protéger sa belle et blanche poitrine, objet de scandale pour quelques vieux bourgeois, indignés de ces modes nouvelles de perruquiers qui ont l'audace d'offrir au public, en plein jour, des nudités s'étalant sur toutes les faces par le jeu du ressort du piédestal. Cette tête amoureuse et provoquante, disposée sur le comptoir, tournant les regards si fixement du côté de la porte, en attendant sa toilette du matin, effraya un peu Cyprien, qui ne s'attendait pas à être reçu par une figure de cire; mais le bruit de la sonnette du magasin attira bientôt après la femme du coiffeur, qui dit avec son plus agréable sourire :

— Qu'est-ce que M. l'abbé désire ?...

Cyprien, ne s'étant pas attendu à être reçu par une femme, oubliant ce qu'il était venu chercher, où plutôt le trouble l'empêcha de manifester son intention de frisure, car il n'était pas possible que madame Cador veillât aux boucles de sa chevelure, et il oubliait les motifs factices qu'il avait combinés avant d'entrer dans la boutique.

— Monsieur l'abbé désire ?... reprit la marchande ; mais Cyprien, sans lui répondre, fit signe de la tête qu'il cherchait quelque objet dans la monte étalée sur le comptoir.

— Une jolie tabatière, monsieur ? Nous avons tout ce qu'il y a de plus nouveau en articles tabatières, depuis dix francs jusqu'à trente... Tenez, monsieur, en voici une en écaille tout à fait légère et de bon goût...

Cyprien secouait la tête.

— Nous en avons aussi avec peintures, dit la marchande en soulevant un rayon nouveau.

— Je vous remercie, madame.

La marchande crut qu'elle offrait des objets trop riches.

— Après ça, dit-elle, nous avons plus commun, de dix sous à trois francs en corne, en écorce de poirier, tabatière à calendrier.

Elle grimpa sur sa chaise pour atteindre le tiroir des tabatières communes.

Cyprien suait à grosses gouttes.

— Ne vous dérangez pas, madame, je vous prie.

Et comme pour cacher son trouble, il se tournait vers une autre partie de la boutique.

— Ce sont des parfumeries que désire monsieur ? Justement nous en avons reçu hier une forte partie de la maison Laffineur, rue Grénetat, la meilleure fabrique de Paris... Monsieur n'aura que l'embarras du choix : poudre d'iris pour la barbe, savon de Windsor, eau dentrifice, crème de Bengale pour la peau, eau capillaire onctueuse, poudre de riz...

Cyprien était effrayé de ce catalogue et aurait acheté bien cher en ce moment de n'être pas entré dans la boutique, car il se sentait pris dans les lacs d'une de ces marchandes qui ne lâchent jamais l'imprudent qui se hasarde dans leur magasin. Il tournait dans la boutique et n'apercevait que bretelles brodées, cannes de toute espèce, calottes grecques en velours, et mille autres objets qui ne lui étaient d'aucune utilité.

— Je voudrais des gants, s'écria-t-il par une lueur d'inspiration qui perça la fumée de son trouble.

— Gants à trois francs cinquante, monsieur, s'écria la marchande.

Cyprien les eût payé dix francs sur le quart d'heure pour sortir de ce guêpier.

— Permettez-moi, monsieur, de mesurer sur votre main... Vous avez une petite main fine, dit madame Cador, je ne sais si j'aurai un numéro assez bas pour vous ganter... Nos messieurs les plus élégants ont la main plus forte que vous.

En même temps elle mettait ses boîtes au pillage, prenant des gants, les rejetant, et n'en trouvant pas à sa convenance.

— Vous devriez, monsieur, m'en commander une douzaine de paires; Cador vous en prendrait mesure et on les ferait exécuter à Paris; vous auriez tout ce qu'il y a de bien, et votre main gagnerait encore sous le chevreau... Vous avez une main, monsieur l'abbé, à rendre jalouse plus d'une jolie femme... Mais, je n'y pensais pas, je vais vous donner des gants de femme... »

La marchande courut à d'autres tiroirs.

— Que d'embarras je vous donne, madame, dit Cyprien, qui fit un pas vers la porte.

— Ce n'est rien, monsieur, restez donc, vous allez voir comme vous serez divinement ganté.

— Je suis pressé, dit-il en faisant un nouveau pas vers la porte.

Mais la marchande, sentant que le client tendait à s'échapper, sortit de son comptoir, se plaça entre Cyprien et la porte, prit le jeune prêtre par la main et le força de s'asseoir. Au même instant le coiffeur rentrait et il ouvrait la porte au moment où sa femme insistait pour retenir Cyprien.

— Cador, dit-elle, prends mesure à monsieur d'une douzaine de gants à trois cinquante.

— Merci, madame, je n'en ai pas besoin.

— Allons, monsieur, vous ne voudriez

pas nous priver de cet honneur ; regarde donc, Cador, les petites mains de monsieur, de véritables mains d'enfant.... C'est un plaisir que de ganter des mains pareilles.

—Madame! s'écriait Cyprien, confus de tant d'éloges.

—Cador tu en feras couper une treizième paire en plus, afin que nous la gardions en magasin pour faire le désespoir de nos élégants... Tenez, monsieur, dit-elle en lui mesurant de nouveaux gants, voici votre mesure exacte, c'est celle de madame la marquise de Beaulieu; quel malheur que monsieur ne porte pas de gants de couleur, des gants paille ! sa main paraîtrait encore plus allongée.

— Monsieur appartient à l'évêché, je crois ? demanda le coiffeur. Je m'en vais prendre votre nom, et dans quinze jours je vous porterai la douzaine de gants.

Cyprien eut beau répéter qu'il n'avait pas besoin d'une si grande fourniture, le coiffeur jura ses grands dieux que, dût-il en faire cadeau à M. l'abbé, il se trouvait trop honoré d'une pareille pratique. D'ailleurs, la mesure était prise, et la commande serait envoyée à Paris le jour même.

En sortant de cette boutique plus riche

au futur d'une collection de gants dont il n'avait que faire, Cyprien se trouva déjà puni des coquetteries qui l'avaient poussé chez le coiffeur, où il avait passé une heure inutilement, sans même arriver à l'objet de ses désirs, aussi doubla-t-il le pas pour arriver plutôt chez madame Le Pelletier, car il avait pris l'habitude de coucher sur un cahier l'emploi de sa journée, et cette heure perdue au milieu des parfumeries et des pommades allait lui peser comme un remords.

En arrivant dans la rue de la veuve, Cyprien, ayant remarqué une foule amassée devant la porte de madame Le Pelletier, fut pris d'un tremblement suivi d'une défaillance qui le força de s'appuyer contre une de ces hautes bornes, en forme de pains de sucre, destinées à protéger les murs et les passants contre les roues des voitures.

—Un nouveau malheur serait-il arrivé? pensa Cyprien; Suzanne serait-elle morte dans la nuit?

Dans beaucoup de villes normandes, on a la coutume, lorsqu'une personne de quelque condition est décédée, d'appeler tous les pauvres de la paroisse et de leur donner un énorme pain de quatre, huit, dix livres, suivant la fortune de la famille.

Si, dans d'autres pays, les pauvres suivent le convoi avec des cierges, à Bayeux, à Rouen et ailleurs, ils accompagnent le mort avec leurs gros pains sous le bras. Plus il y a de pauvres aux funérailles, plus leurs pains sont gros, plus l'enterrement est riche. Cette petite vanité, qui au moins trouve une application charitable, vaut bien les tentures, les galons et les panaches de première classe, qui, à Paris, sont hors de prix et servent à faire la fortune de l'administration des pompes funèbres. C'étaient bien des pauvres et des pauvresses qui s'agitaient devant la maison de madame Le Pelletier, et Cyprien traversa cette foule, ne voyant plus, n'entendant pas les prières, les litanies qui l'accueillaient à son passage. Dans le corridor, il rencontra la veuve qui descendait de l'escalier du premier étage.

— Ah! monsieur l'abbé, dit-elle, que vous avez bien fait de venir!... Je suis auprès de cette pauvre Suzanne, je ne puis la quitter... Voudriez-vous me rendre le service de distribuer deux livres de pain à chacun de ces malheureux qui sont à la porte?

Avant que Cyprien eût pu répondre, madame Le Pelletier remontait l'escalier. Malgré la promesse qu'elle en avait faite à M. de Boisdhyver, la mère ne voulut pas quitter sa fille de la nuit, et elle fut témoin, malgré la vive opposition du docteur Richard, des troubles maladifs et cruels qu'amène un transport au cerveau.

Suzanne ne restait pas calme; elle voulait, tantôt arracher ses compresses, tantôt sauter à bas du lit, ou bien elle se livrait à des discours sans suite. La mère répondait par des prières et des paroles affectueuses que la malade n'entendait pas; alors, madame Le Pelletier se répandait en larmes, et le docteur laissait s'exhaler son mécontentement. Connaissant certainement le cours de la maladie, il se trouvait empêché, par la présence de la mère, d'employer des moyens un peu violents, car il ne fallait pas laisser Suzanne s'échapper de sa couche, l'idée de destruction étant la seule qui reste dans les cerveaux atteints de pareilles maladies, et ce n'était pas madame Le Pelletier qui retiendrait sa fille par des supplications et des cajoleries maternelles. Le docteur se fâcha à plusieurs reprises, et réclama de la veuve l'exécution de la promesse de se reposer qu'elle avait faite à M. de Boisdhyver; mais la pauvre femme subissait la contre-partie du trouble dont était atteinte sa fille, et elle résista aux ordres du docteur comme elle avait résisté d'abord à des prières et à des conseils.

La nuit se passa de la sorte en tourmentes perpétuelles; mais, ainsi que l'avait prévu le docteur, au petit jour Suzanne fut prise d'un abattement qui devait durer douze heures. Le docteur Richard ne vit donc aucun inconvénient à aller faire son service à l'hôpital ; sa femme s'étendit sur le lit de madame Le Pelletier, et la veuve, puisant des forces dans l'amour maternel qui ne redoute ni fatigues, ni privations, ni nuits sans sommeil, s'assit auprès du lit de Suzanne, résolue de ne pas la quitter d'une minute. Elle avait oublié au milieu de son trouble que le samedi était son jour de distribution de pain, car, une fois par quinzaine, elle distribuait aux pauvres cinquante livres de pain ; c'était pour elle une occasion de voir de plus près les mères et les pères de vingt familles malheureuses, et, suivant leurs plaintes, leurs maladies ou leur accroissement d'enfants, elle ne manquai pas le lundi suivant d'aller les visiter.

Cyprien, se trouvant en face des pains, chacun de deux livres, ouvrit la porte et fit la distribution en recevant les actions de grâces de ces pauvres gens qu'il connaissait déjà, car madame Le Pelletier ne s'occupait que des pauvres de sa paroisse.

— N'oubliez pas mademoiselle Suzanne dans vos prières, dit-il à chacun des pauvres.

Et chacun, femmes, vieillards, enfants, répétait le nom de Suzanne d'une voix si pénétrée, que le jeune prêtre sentit combien l'affection qu'ils portaient à mademoiselle Le Pelletier était profonde. Trop souvent on voit l'aumône engendrer l'hypocrisie, surtout l'aumône qui s'échappe des mains pieuses; mais les prêtres intelligents ne sont pas dupes de ces momeries, de ces marmotages, de ces prières inintelligibles, de ces signes de croix trop fervents, de ces égrénements sempiternels de rosaires, de cet étalage d'imageries sacrées, de ce trop de zèle saint qui ne peuvent tromper que des esprits vulgaires. Il y a partout une population crasseuse qui s'attache à la sacristie et qui en vit; M. de Boisdhyver avait le plus grand mépris pour cette race de mendiants, les doigts perpétuellement trempés dans l'eau bénite, et il avait élevé Cyprien dans ces idées que ne partage pas toujours le clergé. Ainsi, pour le vicaire-général, M. Ordinaire, il suffisait qu'un pauvre affectât des semblants de dévotion pour être secouru par l'église ; il demandait aux pauvres une présence assidue à tous les offices, l'accomplissement de tous les devoirs religieux, la confession, la communion, et ne s'inquiétait pas de la sincérité de ces pauvres ; certainement, M. de Boisdhyver ne perdait pas son temps à scruter le fond des consciences, mais il était frappé souvent, à première vue, de la mine basse et repoussante de ces prétendus dévots qui faisaient payer à l'église leurs pieuses manœuvres, et il ne pouvait s'empêcher de déplorer l'hypocrisie que ces secours engendraient de plus en plus.

Cyprien, en entendant ces mendiants parler de Suzanne, connut combien ils l'aimaient et la vénéraient. Il y a dans les réelles marques d'affection des signes positifs, des physionomies qui s'illuminent, mille détails dont on ne peut révoquer la sincérité. Servis la majeure partie de l'année par Suzanne, visités par elle et sa mère, les pauvres étaient frappés de cette beauté si tranquille qui leur rappelait ces images de vierges dont chacun a un idéal en soi. La charité faite par de jeunes mains; une bouche souriante, des yeux attendris, doublent la charité. Cyprien avait terminé sa distribution et se trouvait embarrassé de la conduite à suivre, car madame Le Pelletier, l'esprit entièrement occupé de sa fille, était remontée auprès d'elle sans inviter le jeune prêtre à la visiter après la distribution des aumônes.

Cyprien se doutait que Suzanne reposait dans sa chambre, et la chambre d'une jeune fille éveilla dans son esprit un sentiment de pudeur qui lui en interdit l'entrée. Il errait du corridor à la cuisine, essayant de saisir les moindres bruits provenant des étages supérieurs, espérant que pour un motif quelconque madame Le Pelletier descendrait et le prierait de monter.

Être si près de Suzanne et ne pas la voir lui causait plus de mal peut-être que s'il en avait été séparé ; mais la porte du rez-de-chaussée s'ouvrit, et la femme du docteur, qui avait pris quelque repos dans un fauteuil, aperçut le jeune prêtre.

— Comment va mademoiselle Le Pelletier? demanda Cyprien.

— Elle a passé une mauvaise nuit, bien agitée; cependant mon mari est parti, et m'a paru plus tranquille pour la journée.

— J'étais venu savoir de ses nouvelles de la part de monseigneur...

— Et vous n'êtes pas monté?

— J'ai vu tout à l'heure madame Le Pelletier, qui m'a chargé de distribuer le pain aux pauvres ; mais comme elle était très agitée, j'ai craint de la déranger.

— Il n'est pas présumable que Suzanne se trouve plus mal : je l'ai quittée, il y a deux heures seulement. Mais je vais monter, et je préviendrai madame Le Pelletier de votre présence.

Cyprien remercia la femme du docteur avec une telle effusion qu'il s'arrêta tout net, s'apercevant que pour un homme qui vient simplement savoir des nouvelles de la part d'un tiers, il mettait une ardeur dans ses paroles qui prêtait à l'interprétation ; mais madame Richard ne s'arrêta pas à cette chaleur de discours, et vint rendre compte à la veuve qu'un jeune prêtre, venu de la part de l'évêque, l'attendait en bas.

— Ah ! je l'avais oublié, s'écria la veuve, qui n'avait qu'une pensée en tête, Suzanne ; ma chère amie, veuillez, je vous prie, ne pas quitter ma fille des yeux... je remonte aussitôt.

Ce fut avec une singulière inquiétude que Cyprien entendit des pas légers résonner dans l'escalier : son bonheur était attaché à ces pas, on venait le chercher, il allait enfin revoir Suzanne.

— Pardonnez-moi, monsieur, lui dit madame Le Pelletier, de vous avoir laissé seul; je n'ai plus ma tête, je ne vois que la maladie de mon enfant et j'oublie tout.

— N'est-ce pas naturel de la part d'une mère?

— Je ne vous ai seulement pas remercié encore de votre courage et de votre belle conduite... Vous avez sauvé Suzanne, et je ne l'oublierai pas. — Elle prit la main de Cyprien et fondit en larmes.

— Sans vous, qui sait si la flamme n'eût pas dévoré entièrement ma pauvre fille... Ah! c'est beau de votre part... Et cependant je me sens ingrate vis-à-vis de vous; je n'y pense pas, je ne vous remercie pas comme je le devrais... La maladie maintenant m'occupe tellement, qu'il me semble qu'on ne saurait trop réunir de forces pour lutter contre elle... Je ne songe qu'à la maladie, et j'oublie le sauveur de Suzanne... Mais quand elle ira bien, vous verrez, monsieur l'abbé, si j'ai de la reconnaissance... Dites à monseigneur, je vous prie, que ma fille va mieux ce matin; elle repose; si elle ne dormait pas, je vous aurais prié de monter... Monseigneur a été bien bon aussi ; c'est dans l'affliction qu'on connaît vraiment les cœurs charitables... Remerciez bien monseigneur, n'est-ce pas, monsieur l'abbé, et promettez-moi de revenir.

Il ne fallait pas beaucoup prier Cyprien pour l'engager à revenir ; mais il s'en alla chagrin de n'avoir pas vu Suzanne, et presque consolé de l'espoir que lui donnait madame Le Pelletier de pouvoir rendre visite à la malade. En revenant, il fit un détour pour se rendre chez les Garnier, qu'il n'avait pas vus depuis quelque temps. Les dernières consultations du docteur Richard n'étaient pas favorables à l'aveugle : le docteur croyait que la paralysie s'était déclarée dans les yeux, et il jugeait à peu près inutile toute opération, n'étant pas d'avis que l'opération amène une secousse si vive qu'elle peut déplacer la paralysie du centre qu'elle a choisi. Aussi, le docteur insistait vivement auprès du mari pour qu'il entrât à l'Hôtel-Dieu avec sa femme; mais Garnier avait une répulsion pour ce qui porte le nom d'hospice, et il craignait d'affecter sa femme, qui connaîtrait ainsi l'incurabilité de son mal.

— Vous marchez difficilement, disait le docteur Richard à Garnier, vous pouvez à peine sortir, votre femme ne se lève pas, et vous n'êtes pas riches. En entrant à l'Hôtel-Dieu, vous aurez des sœurs pour vous servir, rien ne vous manquera; que peut-on demander de plus?

— Ah! monsieur, disait Garnier, il est si triste, quand on a vécu libre et honnête toute sa vie, d'être enfermé dans une maison, d'être assujetti à de certaines règles, de porter un costume de pauvres.

— Vous avez été militaire, s'écriait le docteur Richard, et vous parlez ainsi? Décidément, père Garnier, vous n'avez pas le sens commun. Étiez-vous assujetti à une discipline, ne deviez-vous pas rentrer à une certaine heure?

— Oui, monsieur Richard.

— Ne logiez-vous pas dans une caserne ?

— Il est vrai.

— Portiez-vous, oui ou non, un uniforme ?

— Certainement.

— Vous voyez donc qu'il n'y a rien de changé entre la caserne et l'Hôtel-Dieu, excepté que vous serez plus heureux maintenant qu'autrefois : vous n'avez rien à faire; vous ne craignez ni corvée ni salle de police; seulement, votre uniforme est un peu moins coquet... Je crois, père Garnier, que vous regrettez l'épaulette rouge?

— Oh! non, monsieur Richard, je regrette Napoléon seulement.

— A la bonne heure, je vous trouve plus sage; il n'y a plus que votre femme à décider.

— Monsieur Richard, je crains que ça ne la tue!

— Non; préparez-la vous-même, habituez-la à cette idée petit à petit. Jamais elle n'aura été plus heureuse; elle sera soignée par d'excellentes sœurs.

— Vous croyez donc, monsieur Richard, qu'elle ne guérira pas?

— Ne lui dites pas que je renonce à l'opération, car je n'en sais rien moi-même... Il se peut que la nature aide tout à coup le médecin; mais le mieux est de l'habituer à l'idée qu'elle restera longtemps encore dans cet état.

Tels étaient les discours que tenait à

chaque visite le docteur Richard au vieux soldat; ainsi qu'il en avait été convenu avec l'évêque et le docteur, les visites de Cyprien devaient être moins fréquentes. Les secours ne manquaient pas, mais il était utile de priver pendant quelque temps les Garnier de visites, afin qu'il sentît plus vivement le besoin d'entrer à l'Hôtel-Dieu. M. de Boisdhyver combattit longuement cette dure mesure, mais il comprenait la justesse des raisons du docteur, et depuis près d'une quinzaine, Cyprien n'était allé chez les Garnier. Aussi sa visite inattendue le matin fut-elle le signal de démonstrations affectueuses du vieillard, qui embrassait les mains du jeune prêtre.

— Voilà mon jeune homme, s'écriait-il;

le voilà, ma femme, M. Cyprien !... Je le croyais parti.

L'aveugle émut Cyprien du récit de ses tristesses. Elle réfléchissait plus que son mari. Les yeux plongés dans une nuit perpétuelle étudient mieux certains faits que les personnes distraites à chaque instant par la vue des objets variés qui se présentent au regard.

La Garnier, en rapprochant l'absence de Cyprien de celle des dames Le Pelletier, avait creusé les motifs de ces visites interrompues, et sans les deviner, elle en tirait mauvais augure ; les conversations entre son mari et le docteur, quoique tenues sur le palier à voix basse, lui donnaient à penser ; elle laissa son chagrin, longtemps comprimé, s'exhaler en paroles amères. Elle souffrait surtout de ne plus voir près d'elle madame Le Pelletier et sa fille. Ce fut une occasion pour Cyprien de parler longuement de Suzanne, et de raconter le cruel événement qui avait jeté cette famille dans la désolation. Au moins Cyprien pouvait, dans la mansarde, décharger son cœur sans crainte ; il n'était plus obligé de se contraindre ; la maladie de Suzanne lui permettait de parler d'elle longtemps, certain de trouver un écho dans le cœur de ces pauvres gens.

Deux heures se passèrent ainsi : la Garnier oubliant ses propres inquiétudes pour s'intéresser à celles de madame Le Pelletier; Cyprien laissant couler ses larmes au souvenir de Suzanne, et ne craignant pas que l'aveugle s'en inquiétât. Cependant il fallut se séparer, et Cyprien, malgré les ordres du docteur, promit de revenir plus souvent, car il avait trouvé de naïfs confidents auxquels on pouvait parler longtemps de Suzanne sans les fatiguer : les malheureux, s'ils ne deviennent égoïstes, s'intéressent plus que les autres aux souffrances d'autrui; ils les connaissent par eux-mêmes, en ont mesuré la profondeur et trouvent, pour les consoler, des paroles inconnues aux heureux du monde.

II

Le gourmand chanoine.

Quelques jours après la Fête-Dieu, M. de Boisdhyver donna un grand dîner auquel fut invité tout le clergé de Bayeux et des environs ; malgré l'hostilité sourde qui couvait toujours dans le cœur de M. Ordinaire, il ne put se dispenser d'assister à cette fête destinée à inaugurer le palais épiscopal : ses fonctions de vicaire-général lui en faisaient un devoir; d'ailleurs, il avait assez de force sur lui-même pour, dans une réception officielle, ne rien laisser paraître des amertumes secrètes qui lui verdissaient le teint. Une assemblée de prêtres n'a pas ce caractère imposant qu'on est tenté de lui accorder, d'après le caractère sacré que revêt l'ecclésiastique à l'église. Aussitôt que chacun s'est reconnu et a trouvé un confident pour l'écouter, un interlocuteur pour répondre, quand chacun s'est tâté et s'est préparé un voisin de table avec lequel il peut entrer en relations, ces festins ressemblent aux autres festins. L'*homme* y apparaît comme dans toutes les classes de la société, avec ses instincts, ses qualités, ses vices, ses défauts, ses ridicules.

Avant que le dîner fût servi, le salon de M. de Boisdhyver s'était séparé en deux, ainsi que dans les endroits où se rencontrent deux classes bien distinctes. Les curés de campagne, les prêtres des villages voisins s'étaient réunis en groupe autour de leur doyen, auquel ils manifestaient une sorte de respect; à l'autre bout du salon les chanoines se mêlaient aux prêtres de Bayeux ; mais indépendamment de leur costume, il était facile de reconnaître les chanoines à l'air de contentement et de grandeur qui s'échappait de leur physionomie et de leurs gestes. La majeure partie des curés de campagne était composée de bonnes figures, hautes en couleur et tenant de la nature du paysan, tandis que les soucis, les inquiétudes, les ambitions, un certain orgueil et une santé moins grossièrement accentuée perçaient sur la figure des chanoines.

En entrant, M. de Boisdhyver alla d'abord aux curés de campagne pour leur faire oublier cette espèce d'aristocratie qui les tenait séparés des hauts dignitaires de l'Eglise, et il ne salua son clergé qu'en second. Le valet de chambre ayant annoncé que le couvert était servi, chacun se dirigea vers la salle à manger, où Cy-

prien servait de maître de cérémonies.
M. Ordinaire était à droite de l'évêque, et
M. du Pouget à gauche; en face avaient été
placés le curé de Saint-Nicolas et le doyen
de Mont-Saint-Jean, petite ville des environs; les chanoines se succédaient, et le
bas-clergé des environs occupait les deux
bouts de la table. D'abord, le premier service se passa avec un certain silence; on
attendait que M. de Boisdhyver donnât le
ton à la conversation; tous s'étudiaient à
la dérobée entre deux cuillerées de potage,
préparant des motifs de causerie suivant
l'humeur de l'évêque; mais, dès les premières paroles, la glace fut rompue, et
ceux des prêtres du diocèse qui ne connaissaient pas encore M. de Boisdhyver,
furent mis à l'aise par une parole familière,

une simplicité que l'évêque apportait dans tous les actes de sa vie. Sauf la présence de M. Ordinaire et de quelques chanoines qui prenaient l'orgueil pour symbole de leur dignité, une gaîté sans apprêts remplit tous les esprits. M. de Boisdhyver interrogeait tour à tour chaque curé sur sa paroisse, et il le faisait d'un ton cordial qui mettait à l'aise des prêtres plus habitués à vivre avec les paysans que dans la société.

Aussi, dès les premières paroles avait-il gagné les cœurs des curés de campagne, et le vicaire-général fronçait-il le sourcil. Les personnes insympathiques à leurs semblables le sentent, et sont punies par cette connaissance de l'éloignement qu'elles inspirent. Sauf des êtres médiocres et nuls, M. Ordinaire comprenait l'espèce de répulsion que sa vue faisait naître, et loin de se corriger en essayant des manières affables et affectueuses, il se hérissait davantage et prenait à tâche de paraître plus amer qu'il ne l'était réellement. En voyant les cœurs voler pour ainsi dire au-devant de M. de Boisdhyver, le vicaire-général s'aigrissait et regardait comme un ennemi celui qui paraissait sympathique au prélat. Étant ami de l'évêque, il est mon ennemi : telle était la pensée brève, fille de la jalousie, qui s'emparait de M. Ordinaire, en voyant les curés de campagne en qui les moindres paroles de M. de Boisdhyver faisaient pousser des sourires affectueux sur leurs lèvres. Il était trop près de son supérieur pour communiquer ses pensées jalouses aux chanoines Commendeur et Aubertin qui se trouvaient à ses côtés. D'ailleurs, l'abbé Commendeur était plus obsédé que Tantale, à ce festin de l'évêché, car il ne savait comment résister à cette succession de plats qu'on passait devant lui et qui le grisaient rien que par leur odeur. Le rêve de l'abbé Commendeur était de pouvoir gloutonner à son aise ; il avait de secrètes envies de tout, et son estomac aussi bien que ses intestins se refusaient aux moindres excès. A force de se ménager, l'abbé Commendeur avait habitué son estomac à une prudence excessive ; l'imagination fut la première cause de son état languissant, aussi toutes les colères et toutes les acrimonies de l'abbé Commendeur, lorsqu'il sortait de sa mélancolie, étaient-elles dirigées contre la bonne chère. Il voyait, dans ses moindres plaisirs de table, tous les maux de l'humanité; il n'avait à la bouche que des exemples d'hommes fameux qui avaient péri par excès de gourmandise; il citait les criminels fieffés qui avaient accompli leurs forfaits à l'aide de la boisson ; la plus grande estime était réservée pour les peuples sauvages qui suivent le régime pythagoricien.

M. Godeau, qui était en face de lui, fut victime des souffrances demi-imaginaires de l'abbé Commendeur. Ce chanoine, gros

comme une tonne, rouge comme un verre
de vin vieux, ne mangeait pas, il dévorait.
On lui eût donné soixante-quatre dents,
tant sa bouche était longue, sa langue
large, tant il avalait avec précipitation de
petits carrés de viandes très respectables
par leur volume. Le chanoine avait des
narines au vent et de petits yeux perdus
à l'horizon de grosses joues. Son nez lui
suffisait. Il n'avait pas besoin de voir :
quoique sa figure fût composée de petits
mamelons de chair épais, l'abbé Godeau
jouissait d'une certaine propriété consis-
tant dans la mobilité du système nasal,
fort développé, du reste. Ainsi, quand un
plat fumait à quelque distance de lui, la
nature lui avait permis de tourner légèrement le nez dans cette direction, et d'in-

terroger d'avance la fumée de ce plat. Ce n'était certainement pas une trompe dont était pourvu M. Godeau ; mais il en possédait quelques-unes des plus heureuses facultés. La mâchoire du chanoine était fortement constituée ; elle offrait une apparence carrée à l'extérieur et se refermait comme une paire d'excellents ciseaux du meilleur acier. Ses dents trapues avaient à la racine quelque analogie avec les rochers ; elles semblaient doublées de contre-forts qui protégent les murs de monuments.

Quoique gros et lourd, les bras de l'abbé Godeau étaient agiles comme rompus particulièrement à une sorte de gymnastique que les autres membres ne partageaient pas ; jamais couteaux et fourchettes ne furent mieux saisis que par les mains du chanoine.

M. Godeau était le supplice vivant de M. Commendeur, qui ne pensait jamais à son estomac sans que le souvenir de M. Godeau ne vint lui amener quelques nouveaux symptômes de jalousie. Quelquefois, M. Commendeur s'imaginait que le chanoine avait des recettes particulières pour si bien digérer, et il le suppliait de les lui communiquer. M. Godeau frappait d'un coup de poing sur son estomac et s'écriait : « Voilà mon secret ! » Alors, M. Commendeur le suppliait de se ménager ; il l'entretenait d'histoires terribles d'indigestions, de congestions cérébrales, et, pour s'en débarrasser, M. Godeau se versait deux verres d'excellent vin de Bourgogne qu'il avalait coup sur coup, afin de montrer qu'il n'avait pas peur de semblables présages.

— Vous ne finirez pas en état de grâce, lui disait l'abbé Commendeur. Une apoplexie foudroyante vous renverse dans la rue, on vous relève, vous êtes mort.

— Mon Dieu! s'écriait l'abbé Godeau, monsieur Commendeur, si vous me répétez encore pareille chose, je finis la bouteille.

Il était homme, après un excellent dîner,

à manger une demi-terrine de foie gras, quelques rondelles de saucisson d'Arles, uniquement pour se faciliter un nouveau repas. On eût dit qu'il employait le moyen de ces oiseaux qui avalent une pierre avant le repas et une autre après, afin de broyer les aliments comme par deux meulières de moulin. L'abbé Godeau, rien que par sa vue, poussait à manger ceux qui en avaient le moins envie, il donnait l'appétit : la satisfaction produite par les morceaux engloutis dans son estomac paraissait si isiblement sur sa figure, qu'il n'était pas permis de douter de la supériorité d'une vuisine provoquant de pareilles jouissances.

La jalousie de M. Commendeur contre

le ventre de M. Godeau s'était changée en manie, car plus d'une fois le chanoine malade fut victime, étant placé à table vis-à-vis de son confrère, de la manie qui le poussait à imiter la voracité de M. Godeau. A différents intervalles, ayant macéré son estomac pendant trois mois, et n'en ayant obtenu aucun meilleur résultat, M. Commendeur se disait : « Je ne réussis pas avec le régime, avec les privations. M. Godeau qui ne se prive de rien et qui abuse de son appétit ne s'en porte que mieux, il est présumable que M. Godeau est dans le vrai et que son système hygiénique est préférable au mien. » Alors il ne reculait devant aucun tonique, aucun excitant, et il en était récompensé par une énorme indigestion.

— Voyez donc, disait M. Commendeur au doux chanoine Aubertin, il a repris trois fois de ce rôti de lièvre, le goulu ! Ne croyez-vous pas qu'il sera châtié de sa gourmandise?

Mais M. Aubertin ne critiquait jamais personne : vivant en paix au milieu des fantaisies que son imagination le portait à traduire en silhouettes, il n'avait aucun instinct critique, et la faculté de dénigrement lui manquait absolument.

De l'autre côté de la table, M. du Pouget taquinait avec malice un curé de village qui avait commis tout récemment un crime

énorme de lèze-archéologie. M. du Pouget,
dans ses courses à la recherche des monuments, découvrit dans l'église de Jussieu-aux-Belles des peintures cachées sous
un badigeon épais de chaux; heureusement cette chaux s'enlevait par écailles sèches, et il suffisait de tamponner légèrement ces écailles pour qu'on arrivât à faire
reparaître des dessins symboliques bizar-
res d'une époque très ancienne. M. du
Pouget passa une journée d'hiver à retrouver sous la chaux une fresque considérable qu'il dessina tant elle lui semblait curieuse; mais s'étant assuré que les deux
autres murailles étaient également peintes
à fresque, et que non-seulement cette chapelle, mais toutes celles de l'église avaient
été décorées pareillement aux environs du

douzième siècle, il pensa devenir fou de joie. C'était toute une monographie importante à écrire sur cette petite église ignorée et perdue dans le petit village de Jussieu-aux-Belles. Quel beau mémoire à envoyer à la commission des monuments historiques dont M. du Pouget était membre correspondant! Quelles recherches précieuses et quelle imagination à dépenser dans l'éclaircissement de ces symboles!

L'archéologue symbolique se sépare volontiers de l'archéologue qui s'en tient purement à la description. Les deux écoles se méprisent : celle du fait dénigre celle de l'imagination; les injures de platitude et de nuage sont les deux puissants projectiles qui sont lancés perpétuellement. L'école symbolique, planant dans les immensités, dédaigne sa rivale qui se traîne terre à terre. M. du Pouget, avec la haute et puissante intelligence qui le caractérisait, appartenait tout à la fois aux deux écoles, dont il sut prendre les précieuses qualités qui les distinguaient. Partisan de l'exactitude et de l'observation, au début, il étudiait d'abord le monument en architecte et en dessinateur ; ayant une base certaine, il ne craignait pas de quitter ce terrain exact pour s'élancer vers les sentiers difficiles du symbolisme religieux, et s'il s'y égarait quelquefois, du moins la première partie de ses observations avait son côté utile.

Ce fut plein de joie d'avoir retrouvé ces

fresques écrites en trente tableaux sur les murailles que M. du Pouget entra chez le curé de Jussieu-aux-Belles, auquel il fit part de sa découverte. Il félicita le curé sur le bonheur qu'il avait de jouir d'une église entièrement peinte, lui montra le dessin qu'il avait tiré d'une de ces fresques, et promit de revenir.

— Ayez bien soin de ces peintures, surtout, dit-il en quittant le prêtre ; vous possédez le monument le plus curieux du diocèse.

Comme on était en hiver et qu'il devenait impossible, par le froid, l'humidité, les fenêtres percées, de dessiner ces fresques, M. du Pouget remit sa visite aux premiers jours du printemps; deux mois après, il retournait à Jussieu-aux-Belles, rêvant au grand livre qu'il allait exécuter d'après ces matières archéologiques. Il arrive à la chapelle où il a enlevé la chaux d'un pan de muraille, et ne trouve à la place que des murailles bleu de ciel. Inquiet, la sueur au front, il croit s'être trompé, parcourt l'église; toutes les chapelles sont peintes en bleu de ciel! Eperdu, M. du Pouget revient à sa première chapelle. Alors seulement il s'aperçoit qu'une petite inscription en lettres noires se trouve au bas de la muraille, comme une signature à un tableau. Il s'approche et lit : « *Repeint en avril* 1828 *par* CHAMPEAUX, » Quoique frémissant et prêt à se trouver mal, M. du Pouget a encore le vague espoir que le *peintre* a apposé son horrible bleu de perruquier sur l'ancien badigeon à la chaux : il frappe le mur avec le doigt, mais aucune écaille ne se détache; on a enlevé le badigeon pour cette belle entreprise.

Heureusement le curé était absent : M. du Pouget avouait lui-même plus tard qu'il ignorait comment, dans son indignation, il aurait traité le pauvre prêtre. Il revint de Jussieu-aux-Belles n'ayant tiré de la servante du curé que ce seul renseignement, à savoir, que le *Champeaux* qui avait écrit son nom en grosses lettres au bas des murs, et qui n'était pas médiocrement glo-

rieux de sa couleur bleu-perruquier, était
le vitrier de la commune. Ce fut seulement
au dîner donné par M. de Boisdhyver que
M. du Pouget retrouva le curé qui lui avait
fait passer de si mauvaises nuits ; mais sa
grande colère archéologique était passée,
et M. Locart, le curé de Jussieu-aux-Belles,
en fut quitte pour un petit interrogatoire
malicieux.

— Voyons, monsieur le curé de Jussieu,
lui disait M. du Pouget, expliquez-nous un
peu la passion pour ce terrible bleu qui
vous a fait détruire les peintures les plus
curieuses du moyen-âge.

— Mon Dieu, monsieur le vicaire, c'est

tout simple : j'ai été effrayé à la vue de ces monstres à têtes d'animaux qui me paraissaient une décoration digne de l'enfer; tous ceux qui ont vu ces images ont pensé de même, le maître d'école, l'adjoint faisant fonctions de maire, ma gouvernante.., il n'y avait qu'une voix. Chacun disait qu'il n'était pas bon d'offrir aux paroissiens des représentations de diableries, et qu'il y avait de quoi faire fuir les offices... Nous n'avons déjà pas trop de monde. Et puis, j'ai réfléchi que ceux qui avaient couvert précédemment ces peintures n'agissaient pas sans motifs, et que sans doute le bon sens avait fait justice de ces monstres peints.

— Ah ! s'écria en soupirant M. du Pou

get en qui ces raisonnements ravivaient une blessure mal fermée. — Je ne vous avais pas bien compris, quand vous me dîtes qu'une église peinte partout était plus propre, et j'ai fait appeler notre peintre...

— Le vitrier de la commune?

— Oui, dit M. Locart ; il raccommode aussi nos vitres, et le bleu-ciel a encore coûté assez gros à la fabrique.

— Tenez, monsieur Locart, s'écria M. du Pouget, vous avez fait plus de mal que les révolutionnaires de 93 à votre église.

Le digne curé de Jussieu-aux-Belles était stupéfait.

— Monsieur du Pouget, dit l'évêque, ayez quelque commisération pour M. le curé de Jussieu. Il ne se connaît pas en archéologie, le mal n'est pas grand... Quand vous aurez terminé votre manuel, monsieur du Pouget, et que vous l'aurez envoyé à tous les desservants de mon diocèse, alors ils seront coupables de ne pas l'étudier... et j'espère que ces messieurs veilleront à la conservation de leurs monuments, mais jusqu'ici ils sont innocents. Tenez, monsieur du Pouget, j'ai envie de prendre un peu le parti de M. le curé de Jussieu... j'ai vu à Paris beaucoup de ces messieurs qui montrent un grand zèle pour les cathédrales : ils pleurent sur la moindre statue mutilée plus peut-être que si un de leurs enfants s'était cassé un membre ; ils étudient à fond nos vieilles basiliques, et les connaissent mieux que les prêtres qui y sont depuis vingt ans ; aucun détail n'échappe à leurs ardentes investigations ; ils se mettent l'imagination à la torture pour faire que les cathédrales soient autres qu'elles ne sont. Tantôt ils disent que l'église est un livre, tantôt une forêt ; je les regarde comme des anatomistes qui ne s'occupent que du squelette, qui connaissent parfaitement tous les os, et qui ne s'inquiètent guère de ce qui faisait la vie de ce squelette. Ces archéologues oublient Dieu, l'âme de l'église, comme les anatomistes oublient l'âme absente du squelette. Ce que j'admire le plus dans les églises, ce ne sont pas les groupes de sculptures fameuses, mais ces groupes de fidèles priant; ils sont les vraies colonnes du temple, et auprès de ces groupes humains les curiosités de la façade qu'on se plaît tant à décrire aujourd'hui me semblent comme les riches vêtements d'un prince, oripeaux sans valeur si le primse n'a ni dignité ni conscience de sa mission.

M. Ordinaire entendit avec un certain plaisir ces paroles et il s'empressa de doubler le raisonnement de M. de Boisdhyver par une sorte d'approbation qui en même temps devait blesser M. du Pouget ; mais l'évêque, qui ne voulait pas donner de mercuriale à un homme qu'il estimait et dont il se plaisait à vanter le beau caractère, ne laissa pas la discussion s'engager dans ce sentier.

— Loin de désapprouver vos critiques, dit-il à M. du Pouget, je me plairai toujours à les encourager, et j'engage MM. les desservants à étudier les recommandations de l'excellent Manuel archéologique que M. du Pouget prépare, et qui certainement sera approuvé par Son Eminence Monseigneur l'archevêque de Paris ; mais ce que je disais tout à l'heure relativement à la fièvre archéologique purement artistique et ne partant pas des sentiments religieux, s'applique spécialement aux hommes qui ont trouvé dans nos cathédrales une spécialité nouvelle, facile à étudier et dont ils se servent comme de marche-pied soit pour étonner le public, soit pour arriver à des honneurs et des places. L'archéologie, messieurs, est un devoir pour tous les prêtres ; on peut adorer Dieu dans une grange quand le prêtre n'a pas d'église, mais jamais le temple ne sera assez magnifique pour honorer notre Seigneur.

Pendant que ce discours commandait plus spécialement que les conversations particulières l'attention générale, M. l'abbé Godeau, sans s'inquiéter de la discussion archéologique, finissait de nettoyer les plats qui étaient devant lui ; son appétit se tendait comme un arc, à tel point que M. Commendeur fut fasciné une fois de plus par la voracité du chanoine et qu'il y tomba comme l'alouette sur le miroir du chasseur.

— Il faut manger les oiseaux petits et les poissons gros, lui disait M. Godeau en tranchant par la moitié une énorme truite saumonée et en la partageant avec son voisin de face.

En présence de cette belle chair orangée, les systèmes du chanoine malade s'affaiblirent, et il allait se régaler d'une moitié formidable de truite, lorsqu'il rencontra le regard terrible du vicaire-général. Par une manœuvre adroite, M. Commendeur fit décrire une courbe à son bras et présenta le plat à M. Ordinaire.

— Un peu de truite, monsieur le vicaire.

Mais M. Ordinaire était d'une grande sobriété, ainsi que les personnages ambibitieux, et il secoua si dédaigneusement la tête, que M. Commendeur, tout en priant mentalement son estomac de se montrer complaisant vis-à-vis du formidable poisson qui allait entrer en lui, fut heureux que le vicaire n'eût pas accepté. Malheureusement l'abbé Gloriot, qui était au côté opposé de la table et qui ne se souciait guère plus de la science archéologique que M. Godeau, avait vu passer ce beau poisson, et ne le voyant pas revenir, il appela le domestique en lui manifestant l'envie d'y goûter. Celui-ci vint à la recherche, et ne trouvant pas la truite :

— Que voulez-vous? lui demanda l'abbé Godeau en remarquant son air inquiet.

— M. l'abbé Gloriot désirerait un peu de truite.

— Est-ce qu'on ne lui en a pas passé? demanda M. Godeau.

— Non, monsieur l'abbé.

— J'en ai mangé un petit morceau ; c'est M. Aubertin qui l'aura trouvée cuite à point... C'était une truite excellente, excellentissime, bien préparée surtout... Ce n'est pas ici qu'on l'a fait cuire.

— Non, monsieur l'abbé, dit le domestique ; Son Excellence a commandé le dîner en ville.

— Quel bon morceau que cette truite! n'est-ce pas, Aubertin?

— Je n'y ai pas touché, dit le chanoine.

M. Commendeur rougissait, car il sentait que l'instruction commencée par l'abbé Godeau allait amener la découverte de sa moitié de truite.

— Mais c'est M. Commendeur qui a mangé la truite ; je lui ai passé le plat, dit le gourmand chanoine.

— Il n'en restait qu'un morceau.

— Plus de la moitié, monsieur Commendeur.

— C'était la queue.

— Ne vous plaignez pas, monsieur Commendeur, j'avais la tête, moi ; enfin, je vois avec plaisir que vous digérez mieux... Plus de la moitié de la truite, à la bonne heure.

— Madère ? dit le domestique à M. Commendeur.

— Non, s'écria M. Godeau, ne buvez pas de madère ; du bordeaux, à la bonne heure. *Au matin bois le vin blanc, le rouge au soir pour le sang.*

Quand M. Commendeur eut bu, l'abbé Godeau, nourri de proverbes gastronomiques, s'écria :

— *Qui bon vin boit, Dieu voit !*

Le cynisme avec lequel M. Godeau affichait sa gourmandise était surtout ce qui blessait le plus M. Commendeur, qui voulait absolument passer pour malade tout en dévorant.

Monsieur Commendeur, lui disait le chanoine, je vous recommande pour déjeûner quelque chose d'admirable : au lieu de pain, servez-vous de croûtes de pâté rissolées au four : voilà qui est divin !

— Que me dites-vous-là, monsieur Godeau ? Les croûtes de pâté sont lourdes et indigestes.

— Quand on mange tranquillement plus de la moitié d'une énorme truite, l'estomac résiste à tout.

— Je vous en prie, monsieur Godeau, dit le chanoine en implorant le silence de son voisin sur sa gloutonnerie, car M. de

Boisdhyver venait de terminer son discours, et la conversation redevenait générale. On était arrivé au dessert.

— Je mangerais bien, disait M. Godeau, quelque compote, des massepains, un fruit.

Et il accumulait sur son assiette tout ce qui se trouvait à sa portée. Les honneurs du dessert furent pour M. le curé de la paroisse Saint-Nicolas, l'abbé Gratien, qui avait envoyé des raisins de la plus belle conservation, ainsi que ses plus belles poires de bon-chrétien.

— Quel suc ! quelle saveur ! quel fondant ! s'écriait M. Godeau en plongeant ses dents solides dans une poire qui disparut presque en entier d'une seule bouchée dans sa large mâchoire. Il se recueillit et conclut ainsi sur ces fruits : — Quel *jusse !*

Car il prononçait ainsi ce mot pour le mieux accentuer. Le *jusse* était le mot le plus flatteur que l'abbé Godeau pût trouver pour caractériser un morceau de viande, des légumes, une sauce, des fruits ; il se taisait ordinairement après avoir prononcé : « Quel *jusse !* » car c'était sa récompense la plus flatteuse pour le cuisinier, pour l'hôte ; c'était aussi la dernière et la plus éminente épithète de son dictionnaire gastronomique.

— Monsieur Commendeur, dit-il, un petit verre de liqueur des îles... Comment vous refusez ? Une goutte seulement après la truite, cette énorme moitié de...

— Un travers de doigt alors, monsieur Godeau, dit M. Commendeur pour éviter la dénonciation de son complice.

Bientôt on se leva de table, les curés de campagne devaient regagner leurs villages et M. Commendeur, qui commençait à sentir le poids de la truite, fit retomber toutes ses souffrances indigestes nocturnes sur la tête de l'abbé Godeau.

III

L'employé.

Depuis son entrée à l'hôpital en qualité d'interne, Claude Bernain avait plus d'une fois donné à M. Richard l'occasion de le réprimander; le premier mois, l'étudiant accomplit son devoir avec ponctualité;

mais peu à peu ses habitudes reprirent le dessus. Il reçut d'abord ses amis de la ville dans sa cellule, et ayant pris pour complice un aide-pharmacien qui ne valait pas mieux que lui, ils mirent à sac la pharmacie pour en tirer des liqueurs de toute espèce qui firent les frais de cette soirée. La supérieure Sainte-Marguerite entendit le bruit que faisaient les jeunes gens, et prévint doucement Claude Bernain; mais celui-ci, se fiant sur la bonté de la sœur, recommença de nouveau à traiter ses amis; comme les bruits et les chants qui s'échappaient du pavillon de l'interne pouvaient troubler le repos des malades, la supérieure en avertit le docteur. M. Richard entra dans un emportement qu'expliquait l'intérêt qu'il portait à son élève.

— Je croyais, dit-il, que vous m'aviez promis de vous corriger ; n'avez-vous pas honte, à vingt-huit ans, de vous conduire comme un garçon qui sort du collége, dont les passions bridées jusque-là, et qui s'emportent tout à coup, peuvent servir d'excuse? Comment, à votre âge, vous songez encore à boire et à passer la nuit en compagnie de je ne sais quels mauvais drôles de la ville! Voilà pourquoi je vous retrouve quelquefois, à mes visites, les yeux fatigués, l'air ennuyé, ne prêtant aucune attention à mes prescriptions... Je vous le répète, quittez la carrière médicale, si vous n'en voyez pas la grandeur et si vous ne comprenez pas la vie de dévoûment qu'elle exige... Si vous ne fortifiez pas votre corps dès à présent pour les fatigues qu'exigera votre service plus tard, si vous vous usez en débauches dans la force de l'âge, croyez-vous qu'à quarante ans vous pourrez vous reposer? Au contraire, c'est alors que vous appartiendrez au premier venu, pauvre ou riche; qu'il faudra vous lever à toute heure de la nuit, aussitôt que retentira votre sonnette; alors vous aurez à peine mangé votre potage, qu'on coupera votre dîner en deux, et nécessairement votre corps devra être plié à tous ces caprices de l'humanité souffrante. En plein midi, dans la canicule, vous serez obligé de traverser des pays sans ombrages; à deux heures du matin, en décembre, à peine serez-vous dans votre lit, bien chaudement, qu'on vous fera lever. Les grands médecins vivent moins que les autres hommes; les statistiques démontrent que la vie de tous les médecins est plus courte que celle des autres hommes d'un quart... Pourquoi, si ce n'est parce qu'ils travaillent plus rudement que les laboureurs en pleine campagne, que les manouvriers en plein air? Est-ce par des orgies que vous vous préparez à remplir cette belle mission? Est-ce en compagnie des piliers de café de Bayeux que vous vous formerez à réussir dans le monde? Je vous vois embarrassé quand vous vous trouvez en présence de personnes distinguées; lorsque je vous ai mené chez les Garnier, vous ne saviez que dire devant madame Le Pelletier... En effet, vous n'avez pas l'habitude de la société; habitué à entendre les grossiers propos de vos compagnons, vous vous troublez devant les personnes d'une plus haute condition. Sachez que le médecin doit se plier à toutes les exigences des différentes classes sociales : si vous étiez médecin de campagne, alors vous pourriez vous faire aux manières des paysans, les adopter même, personne n'y trouverait à redire. Mais à Bayeux, vous devez chercher à ne froisser ni nobles, ni bourgeois, ni commerçants, ni ouvriers. Vous vous trouverez nécessairement en rapport avec des personnes de toutes les conditions, et vous êtes obligé de leur plaire, sous peine de ne pas réussir. Je ne vous dirai pas de vous faire comédien et de changer de masque, suivant que vous entrez dans un salon ou dans un galetas : ces moyens sont bons pour les médecins qui ne savent rien, qui se plient aux caprices des femmes, qui s'habillent à la mode, et font plus de conquêtes que de guérisons. Non ! la science nous donne ce grand secret d'imposer à toutes les classes de la société. Si vous avez l'amour de l'art et que vous entriez quelque part avec la ferme volonté d'étudier consciencieusement la maladie et de faire tout ce que la science vous a appris pour favoriser la guérison, vous plairez à tout le monde, car votre conscience de médecin brillera dans vos yeux, illuminera votre personne, aussitôt vous serez un homme à part. Chacun sentira votre supériorité; la politesse, la bonté, les soins, les complaisances et le caractère sérieux de votre mission, remplaceront avantageusement les manières de salon. Pendant que je vous chapitre ainsi, Claude, il me reste un détail à vous faire observer : vous fumez trop, et vous avez tort de vous laisser entraîner à cette mauvaise habitude, car plus tard il serait difficile de l'enlever. Rien n'est plus délicat que l'odorat d'un malade, ce sens se froisse d'un rien ; il s'affecterait de l'odeur d'une rose... La faiblesse rend les sensations plus vives ; l'habitude de fumer doit vous enlever plus d'un malade, surtout les malades riches. Les pauvres n'oseront rien dire parce qu'ils sont pauvres... Croyez-vous qu'il vous soit permis de blesser plutôt les pauvres que les riches? Je fumais aussi, moi, et je m'en suis bien abstenu par une observation que j'ai pu faire étant malade... Un de mes confrères que j'avais fait appeler arriva dans ma chambre, un cigare à la bouche... Il y avait deux jours que je n'avais mangé; je sentis aussitôt le parfum violent de ce cigare qui me grisa, m'étourdit tellement que je priai mon confrère d'ouvrir la fenêtre. Il me fit des excuses d'être entré dans ma chambre en fumant, car il me connaissait pour un fumeur; mais ce fut pour moi une précieuse observation... Je compris le malaise que j'apportais en m'asseyant auprès du lit d'un malade avec des habits imprégnés de cette odeur, qui s'attache si vivement aux objets, et je renonçai à fumer... Il m'en a beaucoup coûté dans les huit premiers jours, mais j'avais une telle satisfaction d'avoir rompu avec l'habitude la plus tyrannique qui soit au monde, que j'y trouvai une grande compensation...

Ainsi, de temps en temps, le docteur Richard remontait le moral de son élève, il espérait toujours qu'il réussirait à le ramener dans la voie de l'étude : mais Claude Bernain semblait inguérissable. Avide de plaisirs, et n'osant plus recevoir ses amis dans sa cellule, il entreprit d'aller les rejoindre la nuit en escaladant les murs du jardin qui donne derrière l'hôpital ; il attendait que tout le monde fût couché, et il revenait par le même chemin de très grand matin, afin de n'être pas rencontré. Seul un infirmier connaissait ses escapades, car il pouvait arriver qu'on eût besoin de l'é-

tudiant tout à coup au milieu de la nuit, et
Claude avait été obligé de prévenir le garçon de salle de venir le chercher au café,
au cas où sa présence serait d'une absolue
nécessité; mais il arriva que l'infirmier en
causa avec un de ses camarades, le camarade le répéta à un autre, celui-ci le dit à
une sœur, la sœur le confia à la supérieure. La sœur Sainte-Marguerite avait
été souvent interrogée par le docteur Richard sur le compte de l'interne, elle savait l'intérêt que lui portait le médecin,
elle connaissait une partie des projets d'avenir que M. Richard méditait, elle voulut
s'assurer de l'exactitude des rapports qui
lui étaient parvenus. La nuit suivante elle
se posta de telle sorte qu'elle entendit
Claude descendre à pas de loup de sa cel-

lule, gagner le jardin et de là escalader le mur ; puis, cinq heures après, elle entendit dans le corridor des pas plus lourds, une marche moins assurée, et Claude tombant plutôt sur son lit que s'y couchant. Il n'y avait plus à hésiter : l'interne revenait d'une orgie, et la supérieure en prévint le lendemain M. Richard aussitôt son arrivée. Celui-ci fit son service comme à l'ordinaire, suivi de son élève, et l'invita ensuite à l'accompagner dans le cabinet du directeur.

— Où avez-vous passé la nuit dernière? s'écria le docteur en regardant fixement l'étudiant qui baissa les yeux.

—Monsieur le directeur, continua M. Richard, veuillez faire savoir dans les journaux du département, qu'une place d'interne est vacante à l'hôpital. Monsieur Bernain, je vous chasse.

L'étudiant sollicita vainement le médecin de lui pardonner. M. Richard semblait inflexible : il ne pouvait plus avoir de confiance dans l'élève qu'il avait tant de fois cherché à relever. On le sentait dans sa parole brève; il ne discutait plus avec Claude, et sa physionomie, qui devint froide autant qu'irritée, démontra à l'étudiant en médecine qu'il avait entièrement perdu la confiance de son patron. Comme tous deux restaient sans parler et rendaient cette situation pénible, le docteur Richard sortit le premier du cabinet du directeur, laissant celui-ci régler les appointements de l'interne. Claude Bernain vit que la résolution du médecin semblait inflexible, et il essaya de se justifier auprès du directeur de l'hôpital; mais l'administrateur ne pouvait rien contre la décision de M. Richard, et il engagea l'étudiant à voir plutôt la sœur Sainte-Marguerite, pour laquelle le docteur avait une vive amitié.

La supérieure, excellente femme pleine d'indulgence, se repentait déjà d'avoir dénoncé la mauvaise conduite de l'interne au docteur, puisque la suite de cette dénonciation annonçait le renvoi de Claude. Elle fit une petite morale à l'édudiant, l'engagea doucement à mieux se conduire, et promit de parler pour lui le lendemain à M. Richard. Il était difficile de résister à une créature si bonne qu'elle atténuait le mal même en le peignant; pour la première fois de sa vie, la supérieure fit un petit mensonge en disant au docteur, quoiqu'elle fût certaine du contraire, que c'était la première fois que l'étudiant découchait : elle montra tant de dévoûment pour la cause de l'interne que M. Richard se laissa attendrir et permit à Claude de continuer son service comme par le passé; mais il l'avertissait de ne plus compter sur son indulgence ni sur les recommandations de la trop bonne supérieure, car à la première faute il prendrait pour interne un jeune étudiant qui suivait les consultations et qui paraissait montrer un grand zèle dans ses études. Cependant les illusions du docteur Richard s'étaient envolées; les plans qu'il bâtissait depuis si longtemps pour l'avenir de Claude s'étaient écroulés : désormais il regardait l'interne comme un simple élève qui pouvait le quitter le lendemain sans lui laisser aucun souvenir dans l'esprit. M. Richard n'avait pas d'enfant, c'était le seul regret qu'il trouvait dans son ménage, car il se sentait plein d'amour paternel qui ne trouvait pas de pâture. Avoir un enfant, tel fut pendant vingt ans la pensée qui ne contribua pas peu à lui donner des doutes sur la science ; car il étudia plus d'une nuit les questions d'embryogénie sans pouvoir trouver de base certaine, et il ne lui resta qu'un fait positif, l'absence d'enfant. Aussi, toutes les tendresses paternelles qui étaient accumulées en lui débordaient quand il avait à soigner un enfant malade ; les soins, l'attention, la persévérance qu'il apportait au lit des enfants, servirent plus à sa réputation qu'il ne s'en doutait. La médecine se sent plus d'une fois aux abois quand elle se trouve en présence d'un jeune enfant qui souffre, qui ne peut pas indiquer le siége de son mal ; si la connaissance intérieure de l'homme est déjà mystérieuse à l'œil du médecin, quelles difficultés viennent s'ajouter dans le traitement d'un être qui n'a pas atteint l'âge de raison, qui ne manifeste ses souffrances que par des cris et des larmes. Pénétré de sa mission, M. Richard abandonnait sa clientèle pour un enfant malade : un prince l'eût envoyé chercher, qu'il eût d'abord visité l'enfant d'un pauvre qui ne payait pas sa visite. Il se disait : On trouvera toujours dans la ville un médecin pour guérir un homme, on n'en trouvera pas pour soulager un enfant. Et il allait à l'enfant, sans crainte de perdre sa clientèle. Il lui consacrait le double du temps qu'il accordait à un malade ordinaire, il étudiait les sensations naïves de ces petits êtres, qu'il essayait d'analyser. Un docteur égoïste, aimant l'argent, eût regardé ces visites comme du temps perdu : l'égoïsme calcule mal, et ne se rend pas compte de l'enchaînement des choses, qui fait que le plus souvent une belle action trouve sa récompense. On eût pu croire que M. Richard ne s'enrichirait pas s'il lui arrivait souvent de passer une journée tout entière au chevet du lit de deux enfants de parents dans la misère; mais les mères firent la réputation du docteur.

Il y avait aux environs de Bayeux une petite chapelle fort célèbre par son patron, saint Canitius, dont les ossements enfermés dans une châsse attiraient les paysans de dix lieues à la ronde. Saint Canitius jouissait du privilége de faire marcher les enfants tardifs, de leur redresser les membres, de les guérir de la variole, de la teigne et de beaucoup de maladies qui attendent l'enfant à sa croissance. La châsse de saint Canitius, supportée par des pieds assez hauts, était toute l'année dans la chapelle ; moyennant une légère redevance, les paysans étaient admis à faire embrasser saint Canitius par l'enfant et à faire toucher au saint les parties maladives. Saint Canitius fut exposé à bien des cris, à bien des colères de ces pauvres êtres qui, ne comprenant pas la portée de l'acte qu'on leur faisait accomplir, ne se gênaient pas pour battre la figure sculptée du saint. Ayant embrassé saint Canitius, une dernière cérémonie consistait à faire marcher les enfants sous la châsse, afin de les envelopper pour ainsi dire du parfum de sainteté qui s'exhalait des reliques. Ce que les enfants commettaient d'incongruités sous cette châsse est délicat à clairement définir ; un sacristain était spécialement occupé avec un petit balai et une pelle à nettoyer le dessous de la châsse et à préserver le nez de saint Canitius d'odeurs malfaisantes. Ce pèlerinage avait une immense réputation, et la petite chapelle possédait un trésor fort considérable jusqu'à l'arrivée du docteur Richard à Bayeux. L'incrédulité moderne s'en mêla-t-elle? Toujours est-il qu'on envoya désormais plus d'enfants malades dans le cabinet du médecin que sous la châsse de saint Canitius. Ce fut ainsi que grandit vivement la réputation de M. Richard qui, grâce aux mères de famille, recueillit le fruit de son dévoûment. Qu'y a-t-il de plus reconnaissant qu'une femme à qui on a sauvé la vie de son enfant? De tous les cœurs des pauvres sortait un concert d'exclamations et de bénédictions qui s'attachèrent au nom du docteur et lui donnèrent une popularité décisive sur laquelle rien ne pouvait mordre désormais.

Cependant il restait dans l'esprit du docteur le chagrin de ne pas avoir d'enfants. Avec les soins qu'il apportait dans le traitement des enfants des pauvres, on pense quelle éducation il eût donnée à un fils ; mais les années de mariage s'allongeaient anneau par anneau, et le docteur reconnaissait l'impossibilité d'avoir un héritier. Ce fut à cette époque qu'il lui vint l'idée de pousser Claude Bernain dans la voie du travail, et de le diriger de telle sorte qu'il eût au moins un successeur qu'il aurait regardé comme un fils. L'alliance avec Suzanne, avec la fille de son ancien ami, lui faisait rêver une famille qu'il pourrait encore élever ; maintenant la conduite de l'étudiant, la maladie de Suzanne renversaient tous ses projets, et il était un matin dans son cabinet, prenant un modeste repas, seul, ne perdant pas un moment, lisant de l'œil, tout en mangeant un morceau, des livres nouveaux qu'il venait de recevoir, lorsque la servante l'avertit qu'une personne le demandait. S'étant levé de table, le docteur reconnut un jeune homme, employé de la sous-préfecture, qu'on appelait Jousselin. Dans les petites villes, chacun se connaît. Par sa position, M. Richard était plus qu'un autre à même de remarquer une personne dans Bayeux, n'y eût-elle résidé qu'un mois. D'ailleurs le docteur avait soigné jadis la mère de l'employé, une pauvre femme qui vivait des appointements de son fils et d'une allocation de deux cents francs que le conseil général lui allouait chaque année comme veuve d'un ancien employé de la sous-préfecture.

— Est-ce que madame Jousselin est malade? demanda le docteur, qui attendit quelques secondes que l'employé s'expliquât sur le motif de sa visite.

A vingt-trois ans, le jeune homme,

étouffé par l'atmosphère des bureaux d'une sous-préfecture, était resté timide comme un enfant. Charles Jousselin fut élevé par son père avec une certaine dureté, et il conserva, même en avançant vers l'âge mûr, le joug de cette tyrannie dans toute sa personne, ce qui ne fit que redoubler sa timidité. La vie de famille avait contribué au moins autant que la vie de bureau à rétrécir le cercle de ses aspirations, et les minuscules appointements auxquels il semblait condamné jusqu'à la fin de ses jours firent qu'il ne put fréquenter les jeunes gens qui dépensaient largement l'argent. Tout jeune et sous le patronage de son père, le jeune homme fut habitué à rapporter intégralement ses appointements à la fin de chaque mois. Deux pièces de cent sous ne tintèrent jamais dans les goussets de l'employé, qui ignorait positivement le roulement de l'argent dans la société. Sa mère achetait le drap, le linge, prenait soin de son entretien, et si Charles Jousselin fût devenu malheureusement orphelin, jamais sauvage n'eût été plus embarrassé dans une ville civilisée. C'était ce qu'on appelle en province un homme rangé. Mieux que la Malva, l'horloge détraquée de la mairie, il disait l'heure exacte aux boutiquiers des rues par lesquelles il passait, car s'il était habitué à arriver à son bureau à la minute, il en sortait de même. Cette suprême exactitude, ces mœurs si tranquilles avaient déteint nécessairement sur toute la personne de l'employé, qui aurait pu passer pour un garçon de figure aimable, jeté dans un autre milieu; mais la besogne de sous-préfecture n'ouvre pas l'imagination, elle ne tue pas, mais elle momifie un homme à la longue, surtout si au sortir de cette atmosphère de dossiers d'une odeur particulière, l'esprit ne se frotte pas à des contacts plus vifs.

L'employé rougit, pâlit, en entendant la question du docteur et se laissa tomber sur une chaise plutôt qu'il ne s'y assit raisonnablement : en l'observant, M. Richard pensa qu'il s'agissait d'une affaire assez grave.

— Allons, dit-il, madame Jousselin n'est pas malade, tant mieux !

— Non, monsieur Richard, elle n'est pas malade.

— Mais qu'avez-vous, monsieur, vous ne semblez pas à votre aise ?

— Je n'ai rien, monsieur Richard, je suis monté chez vous en allant à mon bureau... l'employé s'arrêta de nouveau.

— Et tout le monde va bien à votre bureau ?

— Vous êtes bien bon, monsieur Richard, sauf M. Giboreau qui a toujours la goutte.

— Bah! il n'y a pas de mal ; c'est de sa faute, s'il a la goutte; il y a dix ans qu'au lieu de rester dans son bureau, il devrait marcher, courir, respirer... Je le lui ai toujours dit, il n'a pas voulu m'écouter, par avarice... Est-ce que le vieux Giboreau ne devrait pas laisser sa place à d'autres qui en ont besoin? Vous y gagneriez en appointements, monsieur Jousselin.

— Je serais peut-être augmenté de deux cents francs.

— Eh bien, deux cents francs à vous, quatre cents à d'autres ne feraient de mal à personne... Quel ladre que ce Giboreau.

Si j'étais sous-préfet cinq minutes, je l'aurais bientôt mis à la retraite.

L'employé se taisait, le docteur crut qu'il n'osait médire de son chef, et comme il avait mis le jeune homme à son aise il attendit le motif de sa visite, mais Jousselin ne disait rien.

— Que vient-il faire chez moi? dit le docteur en interrogeant la figure tranquille du jeune homme; il n'a pas la mine d'un homme qui attend une consultation. Pour faire comprendre à l'employé combien son temps était précieux, le docteur tira sa montre de son gousset et regarda l'heure.

— Je vous dérange peut-être, monsieur, dit Jousselin plus ému qu'en entrant, car il était dans la situation d'un patineur lancé par un furieux élan, qui sent la glace craquer sous ses pas sans pouvoir échapper à l'abîme. Il n'y avait plus moyen de reculer pour l'employé.

— Mon temps appartient à ceux qui en ont besoin réellement, dit M. Richard en appuyant sur ce dernier mot.

Il y eut encore un moment de silence et aux diverses nuances qui passaient sur la figure de Jousselin, on eût dit qu'il allait chercher ses paroles au fond d'un puits.

— Monsieur Richard, il s'arrêta, ce que j'ai à vous dire est tellement grave... il m'en coûte tellement, vous le voyez bien, que je vous demande d'avance le plus profond secret... J'ai peur de vous formaliser...

— Mais prenez donc courage, monsieur Jousselin... ai-je donc l'air si farouche? Quant au secret, c'est notre état... Vous comprenez ce que je vois, ce que j'entends toute la journée dans les familles... Les malades doivent avoir autant de confiance en un honnête médecin qu'en leur confesseur... Vous êtes malade?

Quoiqu'il ne comprit pas la portée de cette question, l'employé rougit.

— Non, monsieur Richard, seulement je souffre, dit-il en mettant sa main sur son cœur.

Le médecin regarda attentivement Jousselin sans comprendre d'abord la portée de ses paroles.

— Ah ! dit-il.

— J'aurais bien voulu savoir... ma mère et moi, nous aurions désiré avoir des nouvelles de mademoiselle Le Pelletier.

— Madame Jousselin s'intéresse aux dames Le Pelletier ?

L'employé se troubla de nouveau.

— Nous ne sommes pas de la même condition, mais le terrible accident dont toute la ville a parlé...

— Oui, un accident bien affreux... cette pauvre enfant si heureuse la veille... Vous auriez dû, monsieur Jousselin, passer chez ces dames ; je n'ai pas vu cette pauvre Suzanne depuis hier.

— Eh bien ? s'écria Jousselin.

— Elle est toujours dans le même état ; mais pourquoi venez-vous ici ?

— Je n'aurais pas osé aller sonner chez madame Le Pelletier et m'informer de la santé de sa fille.

— Au contraire, madame Le Pelletier eût été touchée de l'intérêt que lui porte madame Jousselin.

— Je craignais de déranger sa mère, qui doit être si affectée de cette cruelle maladie. Et je savais l'amitié qui vous unit à la famille Le Pelletier, je vous ai vu si souvent sortir de la maison de ces dames.

— Ah ! vous m'avez vu sortir !

— J'y passe deux fois par jour, en allant et en revenant de mon bureau.

— Ce n'est pas cependant le plus court chemin pour aller à la sous-préfecture; vous vous détournez de votre quartier.

Comme l'employé se troublait :

— Vous faites un petit détour, il n'y a pas de mal, les employés ne sauraient trop marcher. Eh bien! monsieur Jousselin, je vous remercie au nom de madame Le Pelletier, de la démarche que vous avez faite auprès de moi; je vais tout à l'heure voir

Suzanne en faisant mes visites en ville ;
j'entrerai dire un mot à votre mère...

— Oh! monsieur Richard, je vous en
prie, ne le faites pas.

— Que vous prend-il? s'écria le docteur
en fixant son regard sur les yeux de l'employé... Vous venez de la part de madame
Jousselin savoir des nouvelles de Suzanne ;
j'irai lui en porter.

— Pardonnez-moi, monsieur Richard,
j'ai menti, s'écria Jousselin en se cachant
la figure dans ses mains.

— J'oubliais, en effet, dit le docteur en souriant, que vous m'aviez prévenu d'une sorte de mystère... Voyons, jeune homme (il lui prit les mains) ; votre pouls augmente ; il n'y a pas de quoi être bien honteux.

Les yeux de l'employé étaient humides, et au son de sa voix le médecin comprit les larmes qui montaient dans le gosier.

— Remettez-vous, monsieur Jousselin ; quoi de plus simple ?

— Oh ! non, monsieur Richard, je vous

ai dit des choses que je n'osais m'avouer
à moi-même. Je n'avais qu'un bonheur
dans la vie : c'était, en passant dans la rue
de ces dames, de jeter un coup d'œil sur
leurs fenêtres et d'apercevoir, à travers
les rideaux, mademoiselle Suzanne ; cela
me suffisait, j'étais heureux, et la journée
était une fête pour moi... Quand, le matin, je ne voyais pas mademoiselle Suzanne
sur sa chaise, comme d'habitude, je souffrais, j'étais triste, le travail me semblait
pénible... C'étaient trois heures bien dures
à passer... De neuf heures à midi, quel
supplice ! mais comme j'oubliais mon chagrin si je pouvais seulement apercevoir
son ombre en revenant de déjeûner ! C'é-
tait peut-être plus doux que d'habitude ;
ainsi, j'avais des provisions de bonheur

pour me délasser à mon bureau, car j'avais toujours l'image de mademoiselle Suzanne présente à mes yeux. Il y a deux ans que j'ai de pareilles fêtes deux fois par jour.

— Deux ans ! s'écria M. Richard. Ces dames ont dû vous remarquer.

— Je ne crois pas, je faisais tout mon possible pour baisser mes paupières quand je passais devant les fenêtres, afin que la direction de mes yeux ne me trahît pas.

— A quoi cela vous menait-il ?

— Je n'en sais rien, monsieur, j'étais heureux.

— Vous n'avez pas cherché à vous introduire auprès de ces dames ?

— Non, monsieur, il me suffisait de la voir.

— Ah ! jeune homme ! s'écria le docteur, jeune homme !

— Vous comprenez, monsieur Richard, quelles peines j'ai éprouvées depuis la maladie de mademoiselle Le Pelletier : on dirait que je suis privé de soleil, de lumière... le travail me répugne, mon bureau est triste ; mais je me sens plus triste au fond que mon bureau ; je ne sais à qui parler d'elle, et je voudrais en parler toute la journée... Est-elle bien malade ?

— Oui, dit le docteur. Il fit une pause, et d'un son de voix douloureux :

— Elle sera défigurée toute sa vie !

— Vraiment, monsieur ! s'écria l'employé d'un ton de compassion.

— Une si belle fille défigurée ! dit M. Richard d'un ton soucieux.

En entendant ces paroles, la figure de Jousselin changea tout à coup d'expression : la sérénité revint sur ses traits, ses yeux brillèrent.

— On dirait que vous êtes content ? s'écria le médecin.

— Eh bien ! monsieur Richard, c'est mal ce que je pense ; oui, je suis presque content... si elle en réchappe.

— Elle n'est pas en danger.

— Oh ! merci, monsieur Richard, s'écria

l'employé en se jetant sur les mains du médecin et en les serrant. Mademoiselle Suzanne était trop belle...

— Trop belle ?...

— Oui, trop belle pour moi... Elle n'aurait jamais levé les yeux sur moi que pour me montrer du dédain ; maintenant que sa figure est ravagée, je l'aime encore davantage, plus qu'avant, si c'est possible... Oh ! oui, je l'aime !

— Mais sa mère, monsieur Jousselin, croyez-vous qu'elle ne souffrira pas de cet accident qui laissera des traces pénibles ?... Elle-même peut être au désespoir quand elle se verra dans une glace... C'est de l'égoïsme que votre amour.

— Je ne sais, je ne raisonne pas mon sentiment, je l'aime du plus profond de mon cœur, et si ce que j'éprouve pouvait consoler mademoiselle Suzanne de la perte de sa beauté, vous me le direz, monsieur Richard, je vous en prie ; vous me conseillerez s'il est prudent que je parle... Maintenant, il me semble que je ne craindrai plus de m'adresser à elle... Il n'y a plus autant de différence entre nous...

Pour la première fois de sa vie, l'employé avait outrepassé l'heure à laquelle il se rendait à son bureau; il obtint du docteur la permission de revenir demander des nouvelles de Suzanne, et il s'en retourna le cœur un peu soulagé de l'avoir déversé dans le sein d'un homme estimable.

IV

Déceptions d'un souffleur d'orgues.

Voilà un des rares hommes qui aiment tout à fait, pensa le docteur en réfléchissant à la confidence de Jousselin. M. Richard avait éprouvé le jeune homme en lui montrant Suzanne défigurée pour la vie, et, contre son attente, au lieu de retrouver un amant refroidi, hésitant, cherchant mille raisons pour retirer ses avances, le docteur ne revenait pas de sa surprise et admirait cet homme qui s'enthousiasmait devant un visage couturé par les brûlures. C'est là le véritable amour, se disait M. Richard. Cette idée lui fit oublier un moment la conduite de son élève qui avait renversé tous ses plans ; malheureusement l'employé n'était pas le mari que désirait madame Le Pelletier. Jousselin n'avait pas les qualités qui pouvaient s'assortir à celles de Suzanne : placé dans une autre condition, peut-être Jousselin eût-il senti son intelligence se développer, se repasser pour ainsi dire à la meule, dont le frottement est nécessaire à beaucoup de natures; mais le jeune homme par son éducation, par son emploi, avait eu tous ses angles enlevés l'un après l'autre; on eût dit que son caractère avait subi l'opération du tour. Tout était rond en lui, il n'était plus homme : doux, timide, craintif à l'âge de vingt-trois ans, Jousselin ne pouvait offrir en ménage cet appui, cette force, cette volonté que toute femme respecte. Il entrait dans l'esprit du docteur certains croisements de race, de même que certains croisements de caractère pour qu'une union fût heureuse, la physiologie lui avait prouvé plus d'une fois le pourquoi de mariages malheureux : sans s'attacher trop fortement à des principes absolus et sans les pousser jusqu'à des conclusions excentriques, le médecin trouvait Suzanne trop bonne et trop blonde pour un amoureux si bon et si blond ; cependant, touché par la passion de l'employé, M. Richard voulut en parler à madame Le Pelletier quand le temps en serait venu.

Le docteur avait peint Suzanne beaucoup plus mal qu'elle ne l'était : les premiers symptômes de l'accident passés, l'esprit de mademoiselle Le Pelletier retrouva son calme, et la joie reparut dans la maison plus vive encore que le chagrin qui l'avait précédée. Cyprien venait tous les matins de la part de M. Boisdhyver, prendre des nouvelles de Suzanne ; pendant les huit premiers jours, madame Le

Pelletier le reçut dans le petit salon du rez-de-chaussée ; mais, un matin, la figure épanouie, elle prit Cyprien par la main et le conduisit dans la chambre où reposait sa fille. Depuis la veille au soir, Suzanne était revenue à elle, elle parlait, elle reconnaissait sa mère, elle se faisait raconter ce qu'elle était devenue pendant que son esprit l'avait entraînée dans le pays des rêves maladifs ; le cœur de Cyprien bondissait comme un jeune chevreau en montant l'escalier. Il battait avec une telle force que le jeune homme fut obligé de s'arrêter sur le palier avant d'entrer : c'était comme le battant d'une cloche qui sonne sur l'airain une joyeuse fête de l'église, et de même qu'assis sur une poutre branlante du clocher on peut suivre ce lourd marteau s'élançant dans les airs et retombant de tout son poids sur la cloche, sans craindre qu'elle en soit fendue, de même les bondissements inouïs de ce cœur dans la poitrine n'avaient rien de maladif et annonçaient au contraire une de ces grandes émotions que l'homme n'éprouve que rarement dans la vie.

— Suzanne, s'écria madame Le Pelletier, devine qui vient savoir de tes nouvelles ?

La jeune fille avait encore la figure enveloppée de compresses ; elle se remua légèrement dans le lit, car à ce moment elle était tournée contre la muraille, on eût dit qu'elle cherchait à reconnaître la personne à travers le masque de linge qui lui cachait les yeux.

— Asseyez-vous auprès du lit, monsieur, je vous prie, dit madame Le Pelletier, vous pouvez causer avec Suzanne... elle ne demande pas mieux et vous lui ferez grand plaisir. Eh bien! tu ne devines pas, ma pauvre Suzanne?

Alors la malade sortit du lit son beau bras blanc, qui était nu presque jusqu'à la naissance de l'épaule, et elle tendit la main dans l'espace.

— Donnez-lui votre main, n'est-ce pas ? dit madame Le Pelletier d'un accent suppliant à Cyprien.

Le jeune prêtre avait un air si hésitant que la veuve crut que son émotion venait d'être reçu dans la chambre d'une jeune fille ou que peut-être ce bras nu le rendait timide. Cyprien avança lentement la main, il n'y avait plus qu'un petit espace qui séparait les deux mains, lorsque Suzanne s'empara de celle de Cyprien comme si elle l'avait devinée par la chaleur qui s'en échappait. Il se passa un mouvement semblable à celui d'une aiguille attirée avec la rapidité de l'éclair par un morceau d'aimant.

La sonnette de la maison retentit et

vint en aide à Cyprien, car son trouble
eût été remarqué par madame Le Pelletier. Aussitôt le contact de la main de
Suzanne, la vie s'arrêta subitement dans
tout le corps du jeune homme, il devint
pâle comme un mort et il se renversa sur
sa chaise, privé de mouvement. Le même
phénomène s'opérait chez Suzanne, qui
éprouva une sensation de doux évanouissement qui ne ressemblait en rien à ses
précédents malaises. *Elle se sentait s'en
aller délicieusement*, dit-elle plus tard.
Pour Cyprien, aussi ému que Suzanne,
mais moins faible, il revint à lui le premier et retrouva sa main dans celle de la
jeune fille. A la chaleur singulière de la
peau, à son état particulier d'abattement,
il comprit que Suzanne devait être éva-

nouie; mais la vie revint chez la jeune fille avec la promptitude qu'elle avait mise à s'enfuir.

— Souffrez-vous, mademoiselle ?

— Non! dit-elle, je me sens heureuse; jamais je ne me suis trouvée aussi bien...

Madame Le Pelletier rentra sur ces entrefaites,

— Eh bien ! Suzanne, as-tu deviné ?

— Oui, maman, s'écria la jeune fille,

qui ne cherchait pas à cacher ses sensations.

— C'est singulier, monsieur, dit madame Le Pelletier, comme son toucher a acquis une finesse particulière... Hier soir, dans le premier moment, elle a reconnu M. Richard; ce matin sa femme, et sans les entendre parler... Aujourd'hui, c'est vous, et cependant elle ne vous connaît pas comme le docteur. Dis-moi, Suzanne, ce qui t'a porté à croire que M. Cyprien était près de toi?

— Je ne sais, maman, dit Suzanne, qui tarda à répondre, mais je vous avais entendu dire que Monseigneur envoyait si souvent savoir de mes nouvelles, que j'ai deviné plutôt que reconnu.

— As-tu remercié M. Cyprien du courage qu'il a montré en te sauvant la vie; car il t'a sauvée, ma chère enfant.

— Oh! je ne l'oublierai jamais, dit Suzanne; non, quoi qu'il puisse arriver, jamais je ne l'oublierai...

— Ni moi, dit la veuve... Quelle présence d'esprit il vous a fallu, monsieur! Pour moi, je ne sais ce que j'aurais fait en voyant ma Suzanne enveloppée de flammes...

— Tout autre, dit Cyprien, n'en eût-il pas fait autant ?

— Non, monsieur, c'est la Providence qui vous avait placé auprès de ma fille pour la sauver... Elle ne sera peut-être pas trop défigurée. Ce bon M. Richard a enlevé hier soir tous les linges. J'étais plus émue, s'il est possible, que quand j'ai appris l'accident... je n'ai pas pu rester jusqu'au bout ; à chaque linge qu'on enlevait, il me semblait qu'on m'arrachait une partie de moi-même ; je suis descendue... Madame Richard devait venir me prévenir après que son mari aurait constaté l'état de la plaie... Elle s'est montrée aussi bien dévouée. C'est là, monsieur, qu'on reconnaît les personnes qui vous portent une réelle affection. A sa façon de marcher et de sortir de la chambre sur le palier (car j'entendais ses pas qui résonnaient sur le plafond), je compris que ma fille guérirait avant même qu'elle n'eût crié : Suzanne est sauvée!... Madame Richard avait sauté plutôt que descendu l'escalier; elle tomba dans mes bras en pleurant de joie; j'accours : déjà la figure de mon enfant était recouverte, mais elle était sauvée. Et c'est vous, monsieur, qui nous l'avez conservée. Je vous aime autant que votre mère...

— Je n'ai plus de mère, dit Cyprien, et

je n'ai jamais connu ces tendresses qu'en vous entendant parler.

— Vous avez beaucoup perdu, monsieur.

— Oui, dit Suzanne, car il m'a semblé que je revenais à la vie seulement pour ma mère.

— Ma pauvre fille! son premier mot a été pour moi, et il m'a fait palpiter le cœur comme quand elle a jeté les premiers cris en venant au monde... Ce sont de bien grandes félicités, d'autant plus grandes qu'on craint de les perdre à chaque instant; maintenant mon affection pour Suzanne a doublé; je crois que je deviendrais folle s'il me fallait la perdre. Cet accident m'a démontré la force de mon attachement.

— Mademoiselle est guérie tout à fait, dit Cyprien un peu tristement, et monseigneur va partager votre joie, madame.

— Vous reviendrez nous voir, n'est-ce pas? dit la veuve.

— Je craindrais de vous déranger, madame.

— Le sauveur de Suzanne nous déranger !... Oh! monsieur, nous croyez-vous ingrates l'une et l'autre? D'ailleurs, vous aurez des nouvelles à nous donner des Garnier, car je n'y suis pas allée depuis longtemps; et peut-être l'état de Suzanne me tiendra-t-il encore quelques jours à la maison. Ces pauvres malheureux ne doivent pas pâtir de l'accident de ma fille... Il est donc convenu, monsieur, que vous leur porterez de nos nouvelles, que vous nous remplacerez momentanément auprès d'eux, et que vous viendrez nous tenir au courant de leurs besoins.

Ainsi, sans s'en douter, madame Le Pelletier attisait la passion de Cyprien qui, lui aussi, comprit par l'accident arrivé à Suzanne, combien le souvenir de la jeune fille était ancré profondément en lui; il sortit de la maison emportant des trésors de mots qu'il se redisait à chaque instant comme s'il eût craint de les perdre. Le cri de Suzanne : « Je me sens heureuse! » n'était-il pas un aveu ? Et ce frôlement de mains qui les avait anéantis tous deux momentanément ? A cette heure, Cyprien n'enviait plus la liberté des oiseaux fendant l'air, car il se sentait plus heureux que le rossignol roucoulant au lever du jour, caché dans un arbre. Les pensées qui s'agitaient au-dedans de lui étaient des gazouillements d'amour, aussi purs que l'eau frissonnant sur les cailloux polis qui se montrent hors du sable. Il entendait à l'intérieur des mélodies délicieuses courant autour du nom de Suzanne et lui faisant subir mille variations imprévues, toutes plus délicatement harmonieuses l'une que l'autre. Des portraits se succédaient dans son cerveau et lui montraient la figure de Suzanne sous tous les aspects sur des fonds d'un bleu séraphique.

L'automne commençait à venir ; en passant sur la promenade des Ormes, Cyprien prenait plaisir à bercer ses pensées au bruit des feuilles sèches qu'il froissait sous ses pieds. Le vert se mêlait au rouge du feuillage, et une petite brume grise faisait de la promenade une solitude. Cyprien était heureux d'être seul et de pouvoir promener ses pensées sans être rencontré. Au moins l'épanouissement pouvait se montrer sur sa figure ainsi qu'un sourire angélique sur ses lèvres. C'est dans ces courts instants de la vie que gît le bonheur; malheureux sont ceux qui se consument en ambitions, en voyages lointains, en avarice, en affaires quand l'amour est à leur porte et tient prêt son char attelé de chevaux ardents qui vous emporte dans les régions inconnues, où sont bâtis des palais féeriques ! Cyprien se laissait emporter par ce char et ne raisonnait plus ; un moment la figure grise et chauve de la Raison lui était apparue avec son chef branlant, la main appuyée sur une vieille canne, mais il l'avait chassée au plus vite. Qu'est-ce que la raison et son froid langage devant le : *Je me sens heureuse* de Suzanne ? Un bruit de poulie rouillée voulant lutter avec l'harmonie d'une cloche de cristal.

En proie à ces pensées, Cyprien en fut tiré par le heurt d'un corps qui faillit le renverser.

— Ah! monsieur Cyprien, je vous demande bien pardon, s'écria un petit homme vêtu d'une grande houppelande marron et qui resta effaré de la rencontre. Il fait tellement brouillard que je ne vous voyais pas... et je suis si pressé que j'avais pris mes jambes à mon cou... L'organiste de la cathédrale, ah! le pauvre homme!

— Qu'y a-t-il? demanda Cyprien.

— Il ne touchera plus les orgues, le brave homme.

— Quoi?

— Il est mort ce matin... Je vais prévenir le médecin.

— Il est mort! s'écria Cyprien.

— Oui, monsieur, mort subite, à la messe, tout comme s'il avait été gelé... Vous allez voir si ce n'est pas un événement. Tout à coup il ne répond plus aux chantres, il s'arrête au milieu de sa réplique; moi, je soufflais toujours, je ne faisais pas attention au chant, une fois que je souffle ce qu'il faut, je ne m'inquiète pas du reste... Cependant, comme je donne mon coup d'œil sur ce qui se passe dans le chœur, je vois les chantres interloqués... Je continue à souffler... Bernique... L'organiste ne répond toujours pas... A la fin on me fait des signes du chœur, je me dis : Voilà encore la machine détraquée; il y a comme un sort sur l'église, rien ne va, ni l'horloge, ni les carillons, je quitte mon poste pour aller avertir l'organiste... Monsieur, il était raide mort, les doigts étendus sur le clavier comme un homme gelé !... Vous pensez si j'ai eu peur !... J'ai descendu quatre à quatre le petit escalier, j'ai couru demander du secours à la sacristie, mais tout était fini, et il n'y avait plus qu'à constater sa mort.

— Pauvre homme ! dit Cyprien.

— Oui, monsieur Cyprien, ça m'a fait penser à vous; qui est-ce qui vous accompagnera maintenant les jours de grandes messes, quand vous chantiez à l'orgue?

— On fera venir un autre organiste, dit Cyprien.

— N'importe, monsieur, c'est une grande perte pour la cathédrale... et pour moi donc?... Qui sait si le nouvel organiste voudra de moi pour souffleur !

— Pourquoi voulez-vous qu'on vous remplace, monsieur Bonnard?

— On ne sait pas, ces musiciens sont quelquefois si singuliers... peut-être me trouveront-ils des défauts ? Ah ! je ne m'en consolerais jamais s'il fallait quitter les orgues.

— Ne craignez rien, monsieur Bonnard,

lui dit Cyprien, je vous recommanderai au nouvel organiste.

M. Bonnard était une des figures qu'on ne saurait détacher de la cathédrale de Bayeux, car il en faisait partie comme les sculptures du portail. L'étranger qui s'arrête devant les colossales caryatides de chêne sculpté qui supportent sur leurs épaules les tuyaux du grand orgue du fond de la nef, rencontre toujours dans le même rayon la figure du père Bonnard dans sa houppelande marron aux boutons d'acier, accoudé sur la balustrade, semblant étudier l'ensemble élancé de l'architecture du chœur. En effet, depuis vingt ans, M. Bonnard n'avait qu'une pensée, la cathédrale dont il voulait perpétuer le souvenir par un monument durable. M. Bonnard rêvait de reproduire l'église tout entière dans son intérieur et extérieur, par des cartes à jouer, et il consacrait près d'une moyenne de la demi-journée à découper dans des piques et des carreaux, des trèfles, des cœurs, les plus petits détails de la cathédrale gothique. Son but était de montrer l'intérieur du monument par les fenêtres de l'extérieur, et la durée de son travail, qui datait de vingt ans déjà, annonçait quelle patience de bénédictin le petit rentier apportait à son œuvre. Aussi tenait-il essentiellement à son emploi de souffleur d'orgues, quoiqu'il l'accomplît par pur dévouement. Planant sur l'église, il pouvait à tout moment l'observer et meubler son cerveau de détails indispensables, car il ne dessinait jamais, ainsi que beaucoup d'hommes se livrant à certains arts de patience ; seul son œil se pénétrait des motifs qu'il devait découper en rentrant sur les cartes à jouer.

La vie de ce petit bourgeois en houppelande marron se passait exclusivement dans la pratique des arts : il aimait le chant par dessus tout, et répondait aux chantres du haut des orgues, d'une telle voix et avec un timbre si particulier, qu'elle se répandait dans toute l'église ; c'était une sorte d'accent nasal assez semblable à ces jeux de trompette qu'exécutent certains bourgeois avec leur mouchoir. Seul dans l'église, le chant de M. Bonnard eût pu être interdit comme prêtant à la dérision, mais il était trop de la famille des réponses des dévotes, et il servait de bosse nazillarde aux chevrottements féminins des vieilles femmes de la nef.

Le goût musical était venu assez tard à M. Bonnard, qui sentit un jour danser en lui l'ambition d'être organiste de la cathédrale; ayant remarqué avec attention les évolutions de jambes du toucheur d'orgues, il s'imagina que là était la plus grande difficulté du métier; à partir de ce moment, les voisins de M. Bonnard furent victimes de bruits musicaux singuliers provenant d'une ancienne épetiten éraillée que l'homme à la redingote marron avait trouvée dans l'arrière-boutique d'une vieille marchande de tabac de Bayeux. On pouvait dire justement que l'épinette était usée jusqu'à la corde, car il en manquait plus de la bonne moitié, et celles qui restaient étaient incapables, par la rouille et le vert-de-gris, les rongeant jusqu'aux boyaux, de tenir pendant cinq minutes un accord raisonnable. La caisse était mangée aux vers et plus profondément picotée qu'un enfant marqué de la petite vérole ; les pieds de cette épinette zig-zaguaient comme ceux d'un homme ivre ; le système des pédales y manquait absolument. C'était surtout ce qui préoccupait M. Bonnard, jaloux du mouvement des jambes de l'organiste, et se disant peut-être à part lui que la goutte n'oserait jamais se loger dans des membres aussi remuants : avec l'instinct qui avait décidé de sa vocation de tailleur de cartes à jouer, il devint luthier, et imagina de compléter l'épinette par un appareil de pédales qui devaient en faire un orgue sans tuyaux ; mais il n'obtint que la forme desdites pédales et nullement le fond. Deux morceaux de bois furent suspendus à la caisse par des fils de fer, qui auraient plutôt servi à repasser des couteaux qu'à donner du son à l'instrument, car leur emploi ressembla prodigieusement à celui de la manivelle de bois qui sert à mettre en action la meule d'un rémouleur. Néanmoins, le but de M. Bonnard était atteint, et jamais il ne fut plus heureux que le jour où il put promener ses dix doigts sur les touches jaunies du vieux clavecin, en même temps qu'il mettait en branle ses jambes, appuyant sans mesure ses pieds indistinctement sur l'une et l'autre des deux pédales. Un lapin battant du tambour apporte plus de raison dans cette fonction que M. Bonnard n'en mit à toucher de l'épinette. Déjà il eût fallu un bien ingénieux instrumentiste pour tirer quelque mélodie raisonnable des quelques cordes rouillées qui restaient dans la machine ; mais M. Bonnard ne s'inquiétait nullement de l'harmonie : pourvu qu'un son retentit sous ses doigts pendant qu'il chantait les psaumes de l'Eglise, il ne cherchait pas s'il y avait assonnance ou discordance. Son but était atteint, et il se croyait un accompagnateur de mérite ; cependant, comme les voisins se plaignaient des con-

certs spirituels que M. Bonnard pratiquait
plus particulièrement le soir, sans lumière,
se livrant, comme un grand artiste, à ses
inspirations protégées par le silence, le
doute finit par entrer dans un petit coin
de l'esprit du rentier. Aussi bien on l'avait
insulté plusieurs fois dans la rue, et les
galopins du quartier, qui n'avaient pas
besoin d'être excités par leurs parents,
criaient plus d'une fois au charivari sous
les fenêtres de M. Bonnard. Il se dit que
peut-être ses progrès n'étaient pas à la
hauteur de sa bonne volonté. S'il continua
d'étudier en apportant plus de sobriété
dans sa façon d'attaquer les touches, il eut
le soin désormais de tenir ses fenêtres fer-
mées, de les protéger par un volet de bois
à l'intérieur, et de recouvrir ce volet par

de grands rideaux de calicot. C'était pour empêcher que désormais les sons de l'épinette fussent entendus de ses voisins; mais la mort subite de l'organiste le frappa de stupeur, car, malgré son orgueil, il ne se sentait pas encore de force à aborder le colossal instrument de la cathédrale et à faire mugir ses voix retentissantes.

Une idée le tenait violemment, qui consistait à étudier l'orgue hors de l'heure des offices; mais le bruit s'en répandrait sur la place, attirerait les curieux, dévoilerait ses études, et le bonhomme avait un extrême attachement pour sa place de souffleur qu'il craignait de compromettre. S'il perdait sa position à la galerie des orgues, où trouverait-il un endroit aussi favorable pour étudier l'église dans tous ses détails? Même dans sa position de souffleur, son amour-propre trouvait son contentement quand, descendant le petit escalier qui mène à la nef, il était regardé avec ébahissement par les gens du commun, les paysans qui se tiennent respectueusement sous les orgues, et qui le prenaient avec sa houppelande marron et ses boutons d'acir, pour celui qui déchaînait si éloquemment les grosses voix mugissantes de la tempête, et qui leur faisait succéder tout à coup les accents champêtres du berger préludant sur ses pipeaux après l'orage. Pour les esprits simples, celui qui peut entrer familièrement dans un endroit interdit au public est déjà un personnage considérable; M. Bonnard, sortant le premier du petit couloir noir qui mène aux orgues, offrait la même curiosité que le figurant qui, le soir, pénètre dans les bouges humides et huileux qui conduisent au théâtre. M. Bonnard passait pour l'organiste comme le figurant passe pour le premier rôle.

Mais les rêves du petit rentier se dissipèrent comme par un coup de vent; deux jours après la mort de l'organiste, il reçut l'avis d'aller aux orgues vers deux heures de l'après-midi, et, à sa grande surprise, il y trouva Cyprien qui l'attendait.

— Allons, monsieur Bonnard, veuillez, je vous prie, faire aller la machine…

M. Bonnard n'en revenait pas.

— Vous, monsieur Cyprien, est-ce que vous remplacez l'organiste?.

— Peut-être, pour quelque temps du moins...

Cyprien avait reçu une éducation musicale moyenne, étant tombé entre les mains d'un vieux professeur du séminaire qui lui avait appris à plaquer quelques accords sur un mauvais petit orgue de la chapelle; mais il avait un sentiment profond que l'étude ne donne pas et qui était resté enfoui jusqu'au jour de la maladie de Suzanne.

N'était-ce pas pour avoir dirigé le chant des enfants de chœur qu'il se trouva à portée d'éteindre la flamme qui enveloppait Suzanne, car sans cette prérogative de maître des cérémonies que lui avait value sa jolie voix, il eût été confondu avec les autres prêtres derrière le dais de l'évêque. La musique lui parut alors d'essence divine, et dès-lors il adressa des vœux à sainte Cécile, patronne des musiciens, qui le fit trouver providentiellement auprès de Suzanne et lui donna les moyens de la secourir. Désormais le profane et le sacré se mêlaient dans son esprit et apportaient à sa passion naissante ce charme particulier qui tient de toute chose défendue.

Dans la chapelle des bas côtés de gauche

de la cathédrale est un tableau de sainte
Cécile, imitation bien connue de la compo-
sition du Dominiquin. Sainte Cécile, jouant
de la basse, lève ses yeux enivrés d'harmonie vers le ciel; autour d'elle sont de
petits anges qui tiennent un cahier de musique ouvert. Il ne fallait pas l'état où se
trouvait Cyprien pour interpréter la pein-
ture du Dominiquin favorablement aux
impressions actuelles du jeune homme. La
sainte Cécile est plus mondaine que divine,
son regard est baigné de voluptés terres-
tres, les anges qui l'entourent semblent
plutôt de mythologiques amours. L'artiste
italien a été frappé à la vue d'une cantatrice
de son époque, il l'a peinte cherchant des
mélodies dans la voûte bleue toujours tranquille du climat polonais, mais il n'a réussi

qu'à rendre une femme, c'est ce qui explique comment les contemplations assidues devant cette toile ramenaient toujours chez Cyprien le souvenir de Suzanne ; loin de revenir aux idées sacrées, les idées profanes s'emparaient de lui chaque fois qu'il regardait la joueuse de basse du peintre. Ce fut à la suite d'une station devant le tableau que le souvenir lui revint qu'il y avait un petit piano dans la chambre de Suzanne. La mort inopinée de l'organiste survint et donna de la force à ces enchaînements de choses qui troublent les esprits les plus positifs quand s'inquiétant, plongeant au dedans d'eux-mêmes, scrutant la rapidité des événements, il s'vont de la cause aux effets. C'est sans s'expliquer nettement son but que Cyprien résolut d'apprendre à toucher de l'orgue assez passablement pour retarder autant que possible la nomination d'un nouvel organiste; et ce fut ainsi que M. Bonnard vit tomber ses illusions d'organiste de la cathédrale, sans se douter que, deux mois auparavant, une simple rencontre entre un jeune homme et une jeune fille dans la mansarde de pauvres gens pouvait avoir un tel poids sur son avenir. Si les historiens ne regardaient pas au loin avec de grands télescopes, ils arriveraient certainement à mieux faire connaître les destins des empires et des nations en étudiant la vie privée des hommes avec un microscope.

V

Félicités musicales.

Suzanne se rétablissait à vue d'œil, et Cyprien suivait avec tristesse les progrès de la santé, car, sauf de rares exceptions, le moment allait venir où il ne pourrait plus rendre d'aussi fréquentes visites aux dames Le Pelletier, malgré toute l'amitié reconnaissante que lui portait la veuve. Des traces de l'accident arrivé à Suzanne, il n'était resté qu'une brûlure supportée presque exclusivement par le haut de l'oreille gauche; cette brûlure amena dans la physionomie de la jeune fille un notable changement qui ne la rendit que plus intéressante. Une partie de ses beaux cheveux blonds avait flambé; pour dissimuler cette perte, Suzanne reporta la masse de ses cheveux vers le côté gauche en tirant une raie de côté vers la droite. Rien que ce simple dérangement dans ses habitudes de coiffure donna à sa figure une malice particulière, une sorte de parenté avec les jeunes gens; cette coiffure résolue qu'on admire dans les portraits des dames espagnoles du dix-septième siècle, faisait ressortir encore davantage la pudeur de la jeune fille quand, se regardant dans une glace, elle rougissait de la coquette et douce effronterie qui paraissait malgré elle sur sa figure. Madame Le Pelletier, qui devinait ses secrets sentiments, embrassait sa fille et l'assurait qu'elle était plus jolie maintenant encore qu'avant l'événement : il n'entrait pas dans l'esprit de la veuve de flatter sa fille, de gonfler son amour-propre et de l'enorgueillir en attisant sa coquetterie ; au contraire elle s'appliqua de tout temps à lui montrer la fragilité de la beauté, et c'étaient les bons sentiments qu'elle s'efforçait de développer chez Suzanne avec la persuasion qu'ils paraissent sur la physionomie, et que chaque femme qui les porte en elle est toujours une femme intéressante; mais l'accident de la Fête-Dieu avait tellement troublé les nuits de madame Le Pelletier, elle s'était si souvent réveillée avec l'image à son chevet d'un visage couturé par les brûlures comme la nappe de pauvres gens, que la beauté de Suzanne lui sembla merveilleuse lorsqu'elle sortit de dessous les linges qui la couvraient. Dans le principe, une certaine inflammation s'était portée à la figure de la jeune fille, par suite de la terreur qu'elle avait éprouvée, et le docteur Richard, quoiqu'il fût à peu près certain que le feu n'avait atteint aucune partie notable de la figure, jugea prudent d'y appliquer quelques émollients afin de prévenir une effervescence du sang.

— Suzanne ne pourra pas rester ainsi toujours avec cette coiffure, dit le docteur.

— N'est-ce pas, M. Richard ? dit la jeune fille ; je suis toute gênée avec cette raie sur le côté.

— Tu t'y feras, mon enfant, dit la mère.

— Non, maman, je ne veux pas sortir ainsi ; tout le monde me regarderait.

— On sait bien dans la ville que tu ne veux pas inventer de modes.

— N'importe, maman; je n'ose plus regarder personne en face, je me sens honteuse.

— Il y a un moyen, dit le docteur, et je suis heureux que Suzanne soit embarrassée de sa coiffure, car je n'osais proposer le mien.

— Lequel? dit madame Le Pelletier; vous m'effrayez, docteur.

— Dites, monsieur Richard, s'écria Suzanne.

— Madame Le Pelletier, tenez-vous à ce

que la partie de la chevelure qui a été brûlée repousse ?

— Si j'y tiens ! Peut-on me faire une pareille question ?

— Et vous, Suzanne ?

— Je voudrais tous mes cheveux comme avant.

— Eh bien ! si vous continuez à couvrir la partie brûlée, en ramenant une masse de cheveux de ce côté, je ne crois pas qu'ils repoussent jamais... Il faut à la peau l'action de l'air.

Tout en écoutant le docteur, Suzanne avait ôté son peigne, et elle laissait ses cheveux reprendre le sentier dans lequel ils étaient poussés.

— Vous avez vu des champs de blé courbés par les orages, continua le docteur ; quelquefois ils forment comme un cercle, s'affaissent et donnent la mort à une certaine quantité d'épis qui, privés de l'action du soleil, embrassent la terre humide et ne tardent pas à devenir du fumier ; il en est à peu près de même de la chevelure, si importante et si fragile chez les femmes ; vous devez, ma chère Suzanne, laisser votre brûlure à l'air afin que le tissu capillaire retrouve la force qu'il a perdue.

— Ce sera bien laid, dit madame Le Pelletier. Comment, docteur, vous voulez que Suzanne ait une partie de la tête nue et l'autre plantée de cheveux ?

— Vous allez me comprendre, madame, je ne demande qu'un peu de courage à Suzanne.

— Je ferai tout ce que vous désirerez, monsieur Richard.

— Il s'agit tout simplement de raser la tête de Suzanne.

— Oh ! s'écria la veuve.

— Je suis certain que Suzanne n'en sera pas moins charmante ; vous lui arrangerez un petit bonnet de telle sorte qu'on n'y verra rien... Est-ce que nos sœurs d'hôpital, quand elles sont jolies, n'ont pas une physionomie agréable avec ces bonnets qui leur cachent entièrement le haut de la tête ?

— Oui, dit Suzanne en souriant, j'aurai

l'air d'une sœur de la Providence... Je ne demande pas mieux que d'être rasée.

— Comment, mon cher docteur, il n'y a pas moyen d'échapper à cette opération ?

— Non, madame; si vous ne le faisiez pas aujourd'hui, vous vous en repentiriez plus tard; n'est-ce pas disgracieux une énorme touffe par ici et rien par là; en supposant que la partie brûlée repoussât, il faudrait près de trois mois et plus pour rejoindre l'autre partie : il vaut mieux faire tout de suite un sacrifice nécessaire.

— Ça ne me fait pas de peine, maman,

dit Suzanne en embrassant la veuve attristée par cette idée.

— Dans la maison, continua, le docteur, vous veillerez, madame Le Pelletier, à ce que Suzanne sorte à l'air le plus souvent possible nu-tête; au jardin, personne ne la verra.

— Qui est-ce qui me fera cette opération ? demanda Suzanne.

— Moi-même, mon enfant, si vous le voulez, car je crains qu'en attendant vous ne changiez d'avis.

— Quand ? dit Suzanne.

— Tout de suite, si vous le voulez; j'ai ma trousse sur moi, et puisque vous y consentez je vais devenir votre coiffeur.

Suzanne sautait et battait des mains.

— Tu vas voir, petite mère, comme je serai drôle.

Immédiatement Suzanne s'était assise sur une chaise devant la glace.

— Monsieur Richard, dit madame Le

Pelletier, laissez-moi commencer ; je vais couper avec des ciseaux les longues mèches, car je veux les garder.

— Certainement, madame ; le rasoir ne passe qu'après les ciseaux.

Suzanne avait les épaules couvertes d'un linge blanc ; tout en soupirant, la veuve prit des ciseaux et, avant de s'en servir, elle passa encore une fois le peigne dans ces beaux cheveux blonds sur lesquels la lumière se jouait, et qui étaient plus doux et plus fins au toucher que la soie la plus fine. Suzanne souriait et envoyait au moyen de la glace des regards malins à sa mère attristée. Madame Le

Pelletier ne put faire jouer ses ciseaux sans
soupirs; elle s'arrêtait à chaque mèche
épaisse qui lui restait dans les mains; le
médecin la plaisantait et tâchait de lui faire
oublier par des paroles gaies ce petit événement. Enfin, la première opération terminée, Suzanne éclata de rire aussitôt le
dernier coup de ciseau donné : elle s'était
levée de sa chaise, courait à sa mère, sautait par sa chambre ; il semblait qu'en la
dépouillant de ses cheveux, on l'eût changée en un enfant de chœur endiablé, car
ses cheveux inégaux lui donnaient un air
de mutinerie tout nouveau ; en regardant
ces gestes brusques et décidés que Suzanne
avait pris tout à coup, madame Le Pelletier ne put s'empêcher de sourire de cette
comédie.

— Comment me trouves-tu ? lui dit Suzanne.

Pour toute réponse, la veuve l'embrassa émerveillée de ce nouvel aspect de gentillesse qui lui rappelait sa fille tout enfant, alors que d'un bond elle sautait sur les genoux du président et en descendait aussi brusquement pour aller à sa mère.

— Ce n'est pas tout, Suzanne, dit le docteur : vous allez maintenant passer par mes mains.

— Est-ce qu'on ne pourrait pas la laisser ainsi ? demanda madame Le Pelletier qui se plaisait à voir Suzanne rajeunie de dix ans, et qui n'aurait pas mieux demandé que de la voir revenir à son heureux état d'enfance.

— Maintenant que nous avons commencé, il vaut mieux terminer; un simple coup de rasoir va augmenter la chevelure de Suzanne d'un tiers... Tenez, madame Le Pelletier, ce petit malheur de la Fête-Dieu est peut-être un bonheur; dans trois mois Suzanne sera plus belle que jamais.

— Je voudrais bien la garder ainsi jusqu'à demain.

— Vous allez voir, madame, ce nouveau

changement à vue... Allons, monsieur l'enfant de chœur, vos cheveux sont coupés en échelle, venez que je vous les égalise.

Suzanne se remit sur la chaise, et le docteur ayant préparé les savonnages :

— Maintenant, nous allons vous faire la barbe.

Et il promena son rasoir avec précaution sur la tête de la jeune fille.

— Suzanne, disait-il, ne vous regardez

pas; tout à l'heure seulement, afin que vous soyez plus surprise

— Je ferme les yeux, dit Suzanne.

— Voilà la première fois, docteur, qu'une main d'homme touche la tête de ma fille.

— Je suis sûr que Suzanne ne se plaindra pas de moi.

— Non, c'est doux ce rasoir, disait la jeune fille; il me semble que je l'entends chanter.

— A la bonne heure, voilà une femme raisonnable, s'écria le docteur en enlevant avec un linge la mousse de savon qui poudrait encore, après l'opération, la tête de Suzanne. Madame Le Pelletier, veuillez me passer la carafe que j'arrose cette jolie tête.

— C'est fini ? s'écria Suzanne en sautant sur sa chaise.

— Pas encore, mademoiselle, laissez-moi continuer jusqu'à la fin mon métier de barbier. Là, vous pouvez vous regarder.

Suzanne poussa un cri d'étonnement

en se voyant le haut de la tête aussi net que la figure ; cette fois ce fut au tour de madame Le Pelletier de rire et de se moquer un peu de sa fille.

— Si Suzanne était en Chine, dit le docteur, elle risquerait fort d'être jetée dans le fleuve Jaune, car elle ressemble au plus joli petit Chinois qui se soit jamais vu.

Suzanne se passait les mains sur la tête pour bien se rendre compte qu'il ne lui restait plus de traces de chevelure, et c'était avec une moue délicieuse qu'elle se palpait la tête dans tous les sens.

— Eh bien ! Suzanne, comment vous trouvez-vous ? dit le docteur.

— J'aimais mieux ma dernière coiffure de petit garçon.

— Moi, dit madame Le Pelletier, je te préfère ainsi; au moins il n'y a plus de traces de cheveux, on n'en connaît plus la couleur, et on ne les regrette pas.

— Elle sera toujours jolie, dit M. Richard. Maintenant je réclame mon salaire, car on ne fait pas venir un perruquier chez soi sans le payer de ses peines. Qu'est-ce que vous me donnerez, Suzanne, pour votre tonsure?

— Je n'ai pas de compliments à faire à

mon coiffeur, dit Suzanne, mécontente de
sa nouvelle physionomie.

— N'importe, dit le docteur, le perruquier veut être payé bon gré mal gré.

Et il embrassa la jeune fille sur les deux
joues. C'est ainsi que M. Richard traitait
ordinairement ses malades, essayant de
les égayer et de chasser de leur esprit les
idées tristes; mais le plus étonné de cette
affaire fut Cyprien : étant venu l'après-
midi, il trouva Suzanne avec un joli petit
bonnet de nuit que sa mère lui avait choisi
comme étant plus épais; Cyprien ne se
lassait pas de regarder la jeune fille, à qui

ce bonnet encadrant la figure plus bas que de coutume donnait quelque ressemblance avec les sœurs de charité. Le teint de Suzanne n'en paraissait que plus reposé, ses joues plus roses et ses yeux plus bleus ; la peau ressemblait, suivant une expression du romancier russe Gogol, à ces œufs qui viennent d'être pondus et dont la couleur est d'une fraîcheur transparente à la lumière. Pour Suzanne, elle osait à peine lever les yeux et elle rougissait d'autant plus que, pour la familiariser avec son bonnet, madame Le Pelletier se moquait d'elle finement.

— Voyez, monsieur, comme ma fille devient coquette, disait-elle. M. Richard lui a recommandé de rester nu-tête et elle ne veut pas quitter son bonnet.

Suzanne coula un regard sournois sous ses paupières pour regarder quel effet elle produisait ainsi sur Cyprien; elle trouva sans doute un autre regard sournois favorable, car à partir de ce moment elle leva les yeux, et ne les tint plus aussi obstinément cloués au plancher.

Les dames Le Pelletier ne devaient pas sortir de quelque temps; Cyprien en profita pour apporter à la maison des nouvelles des Garnier, qui venaient d'être transférés à l'hôpital, et il raconta avec émotion les dernières heures du séjour des pauvres gens dans leur grenier. On avait tout vendu chez eux en leur présence ; quand le lit fut enlevé, l'aveugle fut transportée à l'hôpital sur un brancard suivi de son mari.

— Nous irons les voir à l'hôpital ! n'est-ce pas, maman ?

— Certainement, ma fille, le plus tôt possible.

— Déjà mes cheveux sont un peu repoussés depuis huit jours ; je crains moins de me montrer.

Une autre fois, Cyprien arriva comme Suzanne chantait en s'accompagnant au piano, mais elle cessa quand il fut dans la chambre. Cyprien la pria de continuer, et, sans trop se faire prier, Suzanne chanta un air du *Devin du village*, que madame Le Pelletier lui avait enseigné, car il reportait la veuve à des souvenirs passés qui lui rappelaient le défunt président.

La première année de son mariage, elle avait entendu la musique de Jean-Jacques à l'Opéra de Rouen ; à cette époque, sa vie était complétement heureuse; tout lui souriait dans la vie, elle aimait son mari, et ce n'était pas la musique que disait la jolie voix de Suzanne, c'étaient le bonheur, le charme d'une existence tranquille, trente ans auparavant.

Suzanne chantait de la même manière qu'elle agissait ; les sons lui sortaient du gosier avec la même facilité que ceux d'un oiseau, sauf une certaine timidité qui la tenait devant Cyprien et qui ne donnait que plus de charmes à ses intonations émues ; elle ne mettait aucune prétention dans son chant, elle ignorait l'art des subtilités et des agréments musicaux qu'il est d'habitude d'enseigner aux jeunes personnes : tout enfant, elle avait reçu des leçons d'un vieux maître de musique qui s'était appliqué à en faire plutôt une bonne musicienne qu'une chanteuse brillante.

Pendant que la veuve se laissait aller à ses ressouvenirs, Cyprien se nourrissait de cette voix fraîche et heureuse dont le timbre pénétrait jusqu'au plus profond de son cœur. La manière d'accompagner de Suzanne était semblable à celle de chanter : ses doigts se posaient doucement sur les touches, s'allongeaient sans grands efforts; elle ne jouait pas des mains, comme les pianistes modernes l'ont inventé, trouvant mille coquetteries dans la façon de faire rebondir la main du clavier et de faire jouer aux doigts des comédies de Marivaux.

Suzanne avait fini de chanter que sa mère et Cyprien étaient encore sous le coup de rêveries musicales. Cyprien n'osant remercier directement la jeune fille, parla des orgues de la cathédrale qui allaient être abandonnées, car il ne se sentait pas le talent nécessaire pour remplacer l'organiste défunt. Pourquoi Suzanne n'étudierait-elle pas l'orgue? Elle avait d'excellents principes, cette étude ne lui coûterait pas d'immenses travaux? Cyprien se chargerait volontiers de lui enseigner les principes qu'il débrouillait depuis quelque temps à l'aide d'un vieux traité, en tâtonnant lui-même sur l'instrument. M. le curé de la cathédrale serait aux anges si Suzanne voulait consentir à devenir l'organiste de l'église ; déjà Cyprien lui en avait parlé, et M. le curé devait venir faire visite aux dames Le Pelletier à ce propos... Il y avait à l'église des trésors d'excellente musique que l'ancien organiste ne se souciait pas de déchiffrer, car de nature coutumière et se contentant du peu qu'il savait, il ne sortait pas d'un petit répertoire assez médiocre.

Madame Le Pelletier fit d'abord quelques objections, mais elle était enchantée de la distraction que ces études allaient causer à Suzanne; il fut convenu que, sous une huitaine, Cyprien donnerait sa première leçon. Cyprien n'avait abordé ce sujet qu'avec une émotion profonde, car le refus de la veuve devait le séparer pour toujours de Suzanne. A quel titre désormais se présenter dans la maison des dames Le

Pelletier ? La santé de Suzanne éloignait naturellement Cyprien. Après les angoisses par lesquelles il avait passé pendant la maladie de la jeune fille, après les douces fréquentations qui le ramenaient si heureux à l'évêché, Cyprien ne pouvait plus vivre sans Suzanne. Qu'était-ce que la vie sans elle ? Des brouillards perpétuels, une monotonie grise s'emparant du corps et de l'esprit. Aussi Cyprien sortit le cœur plein d'allégresses nouvelles. Autant les soucis cuisants s'étaient emparé de lui quand il pensait ne plus revoir Susanne, autant des fleurs roses et odorantes semblaient le pénétrer de leurs parfums. Ayant rencontré sur son chemin le chanoine Godeau qui marchait lentement, comme s'il avait craint de secouer trop brusquement les excellentes nourritures qui étaient en lui, Cyprien s'en détourna pour ne pas lui parler, et le prit en pitié; car on pouvait justement dire du chanoine qu'il faisait un dieu de son ventre. Cyprien vit entrer M. Godeau chez le plus important traiteur de Bayeux, qui reçoit une fois par semaine des envois de Paris. En y réfléchissant, le jeune homme ne se trouva pas plus condamnable que le chanoine, pratiquant ouvertement un des plus gros péchés capitaux. Aimer comme Cyprien aimait, n'était pas inscrit au catalogue des choses défendues. Quel était son rêve ? Se trouver le plus souvent possible auprès de Suzanne, la voir, l'entendre, la regarder, la respirer comme une fleur. Autour de la jeune fille ne sortait-il pas une odeur vague, inconnue qui tenait de la fraîcheur de la rosée du matin? Quel crime que d'aimer à entrer dans ce petit salon où se tenaient la mère et la fille, où le bonheur semblait inscrit sur tous les murs !

La conscience en paix, Cyprien se mit résolûment pendant huit jours à l'étude de l'orgue, afin d'en posséder toutes les ressources. La fabrique possédait une bibliothèque musicale sacrée provenant de l'ancienne maîtrise, qui avait sans doute été dirigée, à une époque éloignée, par un maître de chapelle instruit : il s'y trouvait des traités de l'orgue anciens et modernes, simples et compliqués, entre lesquels pouvait choisir un maître remarquable ou un élève commençant. Ayant obtenu l'autorisation de M. de Boisdhyver de s'adonner à ses études musicales, Cyprien passa nuit et jour à se rendre compte pratiquement et théoriquement des ressources de l'instrument. La nuit il lisait, le jour il fatiguait M. Bonnard à souffler la machine. Jamais M. Bonnard ne s'était livré à un pareil exercice, et comme l'amour ne l'aidait pas à supporter ce pénible travail, le pauvre homme ne pouvait comprendre l'ardeur qui tenait Cyprien. Il s'imaginait que bientôt les occupations du jeune homme l'empêcheraient de venir si souvent aux orgues ; mais il ne se doutait pas que ses pénibles fonctions continueraient, et il ne le comprit qu'en voyant arrriver les dames Le Pelletier.

Suzanne trouva un grand charme à se rendre maîtresse d'un instrument si imposant, et elle apporta dans ces études difficultueuses une patience qui la mit en mesure de pouvoir accompagner les exercices religieux quinze jours après les premières leçons ; mais elle avait un professeur plein de dévoûment et de complaisance à toute épreuve, dont Cyprien se trouvait trop payé quand sa main rencontrait la main de la jeune organiste. Le hasard et la volonté se mêlaient dans ces contacts : en pouvait-il être autrement ? Pour le clavier, Cyprien n'avait rien à enseigner à Suzanne rompue au clavier bien plus difficile du piano ; mais il fallait lui indiquer comment s'obtiennent les jeux si divers de l'orgue, ceux de flûte et de salcional, de nasard et de doublette, de cromorne et de clairon octaviant, de viole et de tremblant.

De même que les fidèles de la nef ne ressemblent pas aux fidèles qui ont leurs chapelles, de même que la sacristie offre une différence avec les mœurs du clocher, les orgues renferment dans toutes les églises un monde à part. Les solennités et les processions du temple y apparaissent sous sous un autre jour ; à cette hauteur, tout y semble mystérieux, les chants du chœur arrivent avec un accent plus indéterminé, les mille détails des offices disparaissent. Les prêtres et leur costume semblent moins importants, la foule qui s'agite est mesquine, l'organiste se sent le maître du temple ; il peut à sa volonté faire passer dans l'âme des mirmidons de la nef des paroles musicales de colère ou d'indulgence. Sa voix est douce et forte, il tempête ou il sourit.

Suzanne n'était pas encore assez maîtresse de l'instrument pour faire passer sur le clavier ses sensations intimes : jusque-là, elle suivait à la lettre les morceaux solennels que de vieux maîtres ont composés l'esprit pénétré des pompes de l'Église ; et Cyprien contemplait avec ravissement cet *intérieur* plein d'un charme puissant. A gauche, madame Le Pelletier se tenait près de la balustrade, et suivant les offices dans son livre de messe comme si elle se fût trouvée dans la nef ; assise au clavier et enfermée presque comme dans une chambre, Suzanne étudiait les diverses cérémonies du chœur, afin de ne pas manquer les réponses ; à tout moment elle appelait Cyprien pour lui demander des renseignements dont elle avait besoin. M. Bonnard apparaissait de temps dans sa houppelande marron, aux boutons d'acier, et faisait le tour de l'orgue, quand ses fonctions ne l'appelaient pas au soufflet.

Les effets de lumière, dans cette partie de l'église, changent les physionomies et leur donnent un aspect qui ne peut se trouver ailleurs. Une immense rosace en verres de couleur dominait l'orgue et envoyait le jour par les robes bleues, rouges et dorées des personnages. A la grand'-messe, le jour arrivait puissant et le soleil illuminait les milliers de personnages de la rosace que décrivit plus tard M. du Pouget dans un moment important ; mais les accidents de coloration étaient plus singuliers pendant les vêpres.

Vers deux heures, la rosace semblait en fête, tous les rayons puissants du soleil s'efforçaient de pénétrer les vitraux colorés ; les dégradations venaient petit à petit, les feux s'éteignaient, la cathédrale reprenait sa sévérité, et de grandes ombres provenant du buffet s'allongeaient dans la nef et les orgues. Ces détails impressionnaient vivement Suzanne et Cyprien, qui laissaient flotter leur esprit à la la tombée du jour ; l'intérêt que Suzanne y trouvait lui faisait apporter une ardeur extrême à l'étude de l'instrument ; et quoique toutes les voix que sa volonté mettait en jeu la plongeassent quelquefois dans un étonnement presque extatique, jamais elle ne se sentit plus remuée que le jour où elle accompagna un *O salutaris* que chanta Cyprien à la messe. La vibration de la voix du jeune homme, placé près d'elle, passait dans ses doigts, et elle crut un moment qu'elle ne pourrait continuer, tant son émotion était extrême. La figure de Cyprien prenait de l'enthousiasme en chantant, elle s'illuminait ; les sons qui partaient de sa poitrine étaient tout à la fois graves, doux et sympathiques.

L'impression que subissait la foule assise dans la nef fut analogue, car une partie des fidèles se retourna vers les orgues, se demandant quelle était cette voix d'homme si émouvante. Au second verset, Cyprien, ressentant lui-même l'émotion qu'il avait communiquée à Suzanne, le chanta de telle sorte que des larmes de joie lui en venaient aux yeux. Il ne se sentait plus terrestre, il disait les louanges du Seigneur en présence des anges, et Suzanne, sur laquelle il abaissait des regards profonds, lui rappelait cette sainte Cécile plongée pour l'éternité dans des concerts harmonieux. A peine avait-il achevé que Suzanne sembla le remercier par un de ses beaux regards bleus si purs que Cyprien put le soutenir sans tomber en défaillance.

La messe était dite : pour la première fois, Suzanne se laissa aller à l'improvisation sans se rendre compte des idées musicales qui s'échappaient en foule de son cerveau et qui commandaient à ses doigts. C'est un morceau joyeux qui couronne habituellement l'*Ite missa est*; mais Suzanne appela à elle plutôt le bonheur que la joie. Au lieu des jeux brillants et sonores qu'emploient les organistes pour accompagner la sortie des fidèles, Suzanne fit appel aux jeux pleins d'une douce allégresse, et la foule; loin de sortir de l'église avec empressement et tumulte, comme il arrive d'ordinaire, s'assembla sous les orgues, étonnée et ravie des mélodies pleines de félicité qui s'échappaient du haut de l'édifice. Les sensations de Suzanne se traduisaient en harmonie; son cœur passait sur le clavier, montrant sans crainte les rayons qui l'entouraient.

VI

La légende de l'abbé Chanu.

Il se passa à cette époque un fait qui démontra combien était persistante l'animosité envieuse du vicaire général, M. Ordinaire, envers M. de Boisdhyver. L'évêque recevait une fois la semaine, en petit comité, quelques prêtres et quelques personnes de la ville, entre autres le docteur Richard. C'étaient des soirées sans prétention qui se passaient en causeries la majeure partie du temps; les invitations étaient faites une fois l'an, et les personnes qui s'y voyaient avec plaisir n'avaient qu'à se présenter chaque samedi, certaines de rencontrer dans le petit salon de M. de Boisdhyver une affectueuse réception dégagée de toute pompe et de toute prétention. Après avoir engagé tout son chapitre de chanoines et leur avoir témoigné individuellement le plaisir qu'il aurait de les recevoir, l'évêque laissa libres ceux qui jugèrent à propos de s'écarter de lui. M. Ordinaire n'y vint jamais, mais on y voyait apparaître, de temps à autre, soit M. Commendeur, soit l'abbé Godeau, soit M. Aubertin. Le désœuvrement les y poussait plutôt que l'intérêt, car ils ne portaient qu'une médiocre attention aux discussions curieuses qui se tenaient sur toute espèce de sujet : religion, morale, philosophie, auteurs sacrés et auteurs profanes. Le docteur Richard y prenait souvent la parole, et rien n'était plus intéressant qu'une discussion entre lui et l'évêque : honnête homme à la manière de Diderot, nourri dans cette école, condisciple de Broussais, le docteur avouait franchement son matérialisme. M. de Boisdhyver connaissait assez les hommes pour savoir qu'il ne convaincrait pas le docteur, mais il aimait cet adversaire si net et si franc dans la discussion; et quoique placés dans deux camps opposés, ces deux hommes ne pouvaient s'empêcher de s'estimer et de le dire. D'ailleurs il n'y avait ni emportement ni surprise dans la discussion, les réponses et les interrogations étaient également franches et loyales, et M. de Boisdhyver saluait chaque fois M. Richard avec son sourire si fin, de ce mot qui résumait la question :

— Docteur, vous êtes plus près de nous que vous ne le supposez ?

En effet, il y avait chez les deux adversaires un tel amour de l'humanité, ils s'associaient avec tant de cœur aux infortunes, aux souffrances des malheureux, ils se comprenaient si vite même du regard qu'il était singulier d'imaginer la profonde séparation qui existait entre l'évêque et le médecin. M. Richard n'était pas un de ces étroits *voltairiens* qui ont fait plus de mal que de bien à la réputation du philosophe, ce n'était pas dans le *Dictionnaire philosophique* qu'il avait puisé une instruction courante, facile et médiocre. Il était remonté aux sources historiques et scientifiques ; plus réellement savant et ayant profité des pas de géant qu'ont faits les sciences depuis la révolution, M. Richard n'expliquait pas les causes à la légère avec le badinage si spirituel trop souvent employé par Voltaire. La géologie, l'anthropologie étaient des sciences nouvelles basées sur des faits et sur ce terrain ferme et solide,

M. Richard attendait ouvertement ses adversaires sans avoir à les démonter par des canons chargés de farces et de plaisanteries éblouissantes.

Cependant, M. Ordinaire qui eût vent de ces discussions, se formalisa hautement dans le monde qu'il voyait, de l'intimité qui existait ouvertement entre un évêque et un révolutionnaire, car avec ses idées et ses aspirations, le docteur, sous la Restauration, ne pouvait manquer de passer pour un révolutionnaire imbu des plus *détestables principes*. Heureusement, à cette époque, tout ce qu'il y avait d'intelligences était dans le grand complot, le gouvernement monarchique s'en allait doucement, comme un vieillard qui expire, sans trop souffrir et sans trop le savoir ; ses derniers partisans étaient ces hommes que l'intérêt, la position dominent, ou ce petit groupe qui acclame tout pouvoir en France tant qu'il a l'ombre du pouvoir. Il en résultait que les propos du vicaire-général s'éteignaient dans les vieilles oreilles de la rue du Cloître qui les recueillaient ; l'évêque était blâmé, on pleurait sur sa conduite, et on s'arrêtait à d'amères et inutiles récriminations.

Un des principaux héros des soirées de l'évêché était M. du Pouget, voyageur infatigable à la recherche des curiosités archéologiques, passant des jours entiers dans la bibliothèque et les archives, et n'en étant chassé que par la nuit. M. du Pouget connaissait la Normandie mieux qu'un congrès d'antiquaires. Il s'était pris d'une vive admiration, quoiqu'il n'y fût pas né, pour ce pays si fertile, si vert, si gras, si plantureux, si riche de sa propre sève et des monuments qu'y ont laissés les hommes. Après avoir dissipé, pendant des années, sa curiosité de côté et d'autre, après avoir parcouru cette grande province sans but fixe, n'ayant d'autre idée que de voir et de comparer, M. du Pouget se trouva un jour un grenier bourré jusqu'au toit de la plus riche des récoltes. Aussi son cerveau débordait de faits curieux, historiques, d'anecdotes, d'aperçus nouveaux sur les arts et les hommes de la Normandie, et sa conversation était du plus grand intérêt, quoique le désordre s'y fît un peu sentir; mais peu à peu ces matériaux se tassèrent, se rangèrent naturellement dans la case qui leur était propre, et M. du Pouget passa avec raison pour l'homme le plus savant de la Normandie. Sa porte était assiégée comme la porte d'un procureur, car, s'il y a dans cette province presque autant d'archéologues que de plaideurs, les uns et les autres se valent par la gaîté qu'on en retire. De Caen, de Rouen, de Falaise, d'Alençon, on venait consulter M. du Pouget, sur de vieilles chartes, de vieilles faïences, de vieux tableaux, de vieux manuscrits, enfin tout ce qui sert d'étui à la poussière. M. du Pouget ne laissait jamais partir ces pauvres d'esprit sans leur donner l'aumône d'un renseignement : ayant presque tout lu, tout vu, tout regardé, il était peu de points qui restassent obscurs à son intelligence ; en même temps un coup d'œil certain et un admirable bon sens se joignaient à la science pour lui montrer le droit chemin d'une question, si compliquée qu'elle parût. Tout en donnant avec la plus grande générosité les meilleurs fruits de ses études, M. du Pouget, peut-être pour ne pas rester inoccupé, se mit en tête d'écrire une histoire du clergé dans la Normandie. Personne n'était plus propre à cette besogne, et c'était une occasion pour lui de toucher à tout : à l'histoire, à l'art, à la politique, à l'agriculture, aux besoins nouveaux des populations. Dans son prospectus, car l'ouvrage ne parut jamais, M. du

Pouget révélait une intelligence supérieure, et il laissait bien loin ces historiens de sacristie qui amassent péniblement des faits exclusivement relatifs au clergé, écrivains à petites vues qui ne sentent pas que les hommes jouent la comédie comme sur un théâtre, et que le décor n'est autre que la société au moment où ils agissaient. Chaque homme porte le reflet de son siècle, il le respire, il s'en nourrit, il en revêt même la physionomie à tel point que le masque de l'homme de 1850 ne ressemble pas au masque de l'homme de 1789. Ce prospectus fit sensation ailleurs qu'en Normandie, et les véritables savants de la capitale flairèrent dès les premières lignes une intelligence nouvelle.

Les matériaux étaient déjà classés avant

l'impression du prospectus ; des chapitres même tout entiers étaient écrits suivant le caprice ou le plaisir que M. du Pouget avait trouvés à les composer d'abord. Il lui arrivait quelquefois d'en lire aux soirées de l'évêché, et M. de Boisdhyver se montrait très curieux de ces sortes de primeurs littéraires dont il était privé depuis son départ de Paris. Parfois la discussion s'en mêlait, M. Richard disait son mot, l'évêque le sien, M. du Pouget se défendait, car il n'avait pas le sot amour-propre des auteurs, et il corrigeait si on lui apportait des arguments sérieux. M. Godeau faisait semblant d'écouter ; mais plongé dans les délices d'une excellente digestion, s'il faisait mine d'applaudir, c'était pour se frotter les mains et s'applaudir lui-même du tour que prenait son repas. M. Aubertin venait plus rarement, occupé toujours de la découpure des silhouettes sacrées, et l'abbé Commendeur ne passait généralement qu'une heure à la soirée, car il se couchait à neuf heures précises tous les soirs, ayant décidé qu'une hygiène exacte seule pouvait apporter quelque fraîcheur à ses intestins. Le curé de Saint-Nicolas, excellent prêtre, d'une franchise à toute épreuve, avait sa marotte. L'art, l'histoire l'intéressaient médiocrement. Enlevé à son jardin et à ses arbres à fruits, il semblait un peu égaré : le seul ouvrage dans lequel il trouva du mérite était le *Bon jardinier*. Deux seules personnes prêtaient attention à ces questions, le supérieur du séminaire, M. Trévoux, heureux de pouvoir frotter son intelligence à celles de MM. de Boisdhyver et du Pouget; un des écouteurs assidus était l'abbé Berreur également fureteur de manuscrits, mais homme à vues étroites et qui jalousait en dessous M. du Pouget. L'abbé Berreur semblait rapporter des archives toutes les toiles d'araignées qui s'y trouvaient, car sa soutane grasse, quoique usée, absorbait la poussière qui se trouvait quelque part; en outre, l'abbé Berreur était d'une avarice sordide, et ses plus grandes dépenses consistaient en tabac à priser, pour lequel il dépensait quatre ou cinq sous par jour; il avait une grande tabatière commune et ne la sortait de sa poche qu'avec une mystérieuse précaution, afin de ne pas avoir à offrir de prise à ses voisins. Il prenait donc son tabac en cachette et remettait la tabatière en poche avec la plus grande vivacité depuis qu'il avait surpris un homme sans délicatesse à qui il avait offert une prise et qui eut le front, disait-il, de mettre ses doigts à genoux dans la tabatière, en emportant, grâce à cette heureuse position, un bon quart du contenu. Avec Cyprien, qui paraissait quelquefois aux soirées, tel était personnel pouvant discuter et s'occuper des questions littéraires et archéologiques soulevées par M. du Pouget.

Un jour, il apparut rayonnant chez M. de Boisdhyver, comme M. Richard, l'abbé Berreur et M. Trévoux s'y trouvaient réunis.

— Vous semblez bien heureux, monsieur du Pouget, dit l'évêque.

— Oui, monseigneur : j'ai fait une trouvaille pour mon histoire du clergé. Et il montra un petit cahier tout gras, avec une vieille couverture en papier à sucre brique, imprimée et portant une vignette.

— Je crains bien, dit le docteur, que ceci ne fasse partie de la bibliothèque bleue.

— Pardonnez-moi, monsieur Richard, ce petit opuscule sort des imprimeries de Falaise ; il n'est pas daté, il n'a pas de nom d'imprimeur : voyez, seulement le nom de la ville est inscrit. Et tenez, monsieur Richard, je vous ferais bien une petite querelle si je n'étais pas si heureux ; puisque vous connaissez la bibliothèque bleue, pourquoi ne m'en rapportez-vous pas d'anciennes éditions quand vous passez dans les villages ? Bien certainement, il en reste encore chez les paysans.

— Y tenez-vous beaucoup, monsieur du Pouget ?

— Si j'y tiens ! je ferais vingt lieues pour avoir une édition du temps ; les réimpressions sont souvent défectueuses ; les vignettes primitives sont souvent remplacées par d'autres ; mais l'exemplaire que j'ai trouvé est unique par sa rareté... il fera un de mes plus curieux chapitres de l'histoire du clergé.

— Qu'est-ce? demanda M. de Boisdhyver.

— Monseigneur, c'est l'entrée de M. l'abbé Chanu dans le paradis, avec les événements singuliers lorsqu'il y est entré et parvenu après son trépas. Rien n'est plus fin ni plus spirituel... La littérature populaire n'a pas, sauf l'histoire divertissante du bonhomme Misère, de chef-d'œuvre pareil.

— Vous nous mettez l'eau à la bouche, monsieur du Pouget, dit M. de Boisdhyver, car la légende du bonhomme Misère est en effet une de ces œuvres symboliques, pieuses et grandes, qu'ont enfantées la littérature populaire.

Ma brochure est de la satire, tandis que Misère, d'une littérature plus élevée, consolait les malheureux et les initiait au bien.

— On comprend, dit le docteur, que ce bonhomme Misère ait été tiré à des millions d'exemplaires; je suis de l'avis de monseigneur, je regrette qu'à notre époque il ne se trouve pas des hommes de génie assez simples pour se faire entendre du peuple, ainsi que le faisait le modeste et ignoré auteur du *Bonhomme Misère*. La science nous enlève toute naïveté, et il en est peu qui puissent la retrouver.

— Je ne suis pas entièrement de votre avis, docteur, dit l'évêque, je crois que les plus grands savants sont ceux qui pourraient dire comme le Christ : « Laissez venir à moi les petits enfants. » Le pédantistisme, les formes solennelles n'appartiennent qu'aux demi-savants, les véritables savants, au contraire, savent se faire comprendre des intelligences les plus simples.

— Mais cet abbé Chanu, demanda M. Berreur, est-il un être fictif, je ne me rappelle pas avoir jamais vu citer l'abbé Chanu dans l'histoire du diocèse.

— C'est une question à éclaircir, monsieur Berreur, répondit M. du Pouget ; j'ai été tellement enchanté de ma bonne fortune, que j'en ai perdu l'esprit, j'ai pourtant lu et relu deux fois l'opuscule, mais j'y prenais une joie si vive, que j'oubliais mon métier d'historien.

— Ces productions, dit sèchement M. Berreur, passent cependant pour déplorables.

— J'ai un faible, vous le savez, monsieur Berreur, pour la malice populaire. Certainement toute cette littérature normande est quelquefois un peu hasardée...

— Dites répréhensible, monsieur du Pouget, continua le prêtre archéologue : on corrompt les paysans avec ces publications, qui leur enseignent à douter de tout, de la religion, de la morale, des mœurs.

— Il m'est arrivé, dit M. Richard, de parcourir quelques-uns de ces cahiers quand il me fallait passer une soirée à l'auberge, j'ai lu des choses égrillardes, d'un goût douteux ; mais la bonne humeur

fut rarement dangereuse pour les mœurs :
ce ne sont pas les paysans qui chantent de
grosses chansons de table qui s'amusent
à tromper les servantes, on rit, on chante,
et tout est dit.

— Vous parlez en médecin, monsieur
Richard, continua M. Berreur, mais l'Église n'admet pas ces couplets.

— Vous oubliez, monsieur Berreur, dit
M. du Pouget, que cette bibliothèque bleue
a son côté pieux ; toute une légende de
saints et de martyrs forme une des divisions : les cantiques et les noëls n'y sont
pas oubliés. De même que dans la nature
tout poison trouve son contre-poison, en

supposant que la bibliothèque bleue renferme certaines productions légères portant atteinte aux mœurs, ce que je n'admets pas, à côté de ces productions je vous en citerai d'autres morales, pieuses, qui contrebalancent l'effet des premières. Les unes et les autres se trouvent dans la même balle du colporteur.

— Je n'admettrai jamais ces sortes de raisonnements, au moyen desquels on justifie les écrits les plus contraires à la religion, s'écria l'abbé Berreur.

— C'est cependant, monsieur l'abbé, ce qui fera le sujet d'un chapitre de mon histoire du clergé, car je veux étudier la question et la traiter de haut.

— Monsieur du Pouget, dit l'évêque, ne pourriez-vous nous donner une idée de cet abbé Chanu que vous nous dites si spirituel ?

— Pardon, monseigneur, je suis tout à vos ordres, mais j'ai à vous avertir qu'il s'agit non pas d'une satire contre le clergé, mais contre un de ses membres ; la satire est excessivement piquante ; elle a double tranchant, car en même temps qu'elle se raille du prêtre, elle montre aussi le côté processif des Normands, et voilà pourquoi elle est si curieuse à mes yeux. Elle sent son terroir, elle est tout à fait normande et locale. Quoique dirigée contre un membre du clergé, elle n'a rien d'âcre, ni d'amer, ni de destructeur pour l'Église ; Voltaire eût été heureux de posséder ce canevas, mais il en aurait fait une machine de guerre perfide et formidable ; au contraire il ne sort de cette bouche qu'une petite malignité contre un abbé ; puisque vous le désirez, monseigneur, je vais vous donner lecture de la brochure, sauf à analyser quelques passages qui font longueur et qui sont écrits d'un style barbare, comme par un enfant.

L'attention était montée par la discussion qui avait précédé, chacun s'arrangea le plus commodément pour entendre cette lecture : M. Godeau appuya son menton sur sa poitrine, M. Berreur prit une forte prise.

—Voilà encore un excellent prêtre! disait le docteur à M. de Boisdhyver.

— Excellent, oui, docteur : bon travailleur, dévoué. J'ai quelque fierté de ce qu'il a entrepris son livre pendant mon séjour à Bayeux. Il me semble que j'y entre pour une part, et je ne doute pas de son grand succès un jour.

—L'abbé Charru est mort, dit M. du Pouget en commençant la lecture du petit cahier rouge ; il s'adresse à saint Pierre : « Bonjour, saint Pierre, je ne croyais pas être sitôt des vôtres ; je viens vous demander une petite place en Paradis ; je vous promets que je ne vous serai point opportun. » Saint Pierre répond qu'il n'y a point de place et qu'il en a renvoyé bien d'autres qui valaient mieux que l'abbé. « Voilà une singulière aventure, dit l'abbé Chanu. Permettez-moi un petit moment ; je suis seul ; si vous aviez un peu plus d'éducation, vous y mettriez un peu plus de politique. D'ailleurs, je veux parler à M. Saint Jude du parlement de Normandie ; j'ai quelque chose à lui dire.

— M. Saint-Jude n'est point ici, dit saint Pierre, il est en purgatoire.

L'abbé s'étonne qu'un homme aussi considérable que M. Saint Jude, du parlement de Normandie, soit en purgatoire.

— Et moi, dit-il, où irai-je ?

— Aux enfers, répondit saint Pierre, votre place y est retenue il y a longtemps. Vous ne pouvez parler à M. Saint Jude. Allez donc prendre la place qui vous est réservée ; vous trouverez Cerbère à la porte ; il ne vous dira mot, tout est arrangé en conséquence contre vous, il y a plus de trente ans.

— Je ne suis pas des plus réjouis, s'écrie

l'abbé; qui me conduira? je ne connais ici personne. N'y aurait-il pas quelqu'un qui me conduise, en lui promettant quelque chose?

—Comment, s'écria M. Berreur en interrompant le narrateur, Cerbère aux enfers! mais c'est le renversement de toutes croyances; les personnages fictifs de la mythologie mêlés au christianisme.

— C'est justement ce qui fait le caractère de la littérature populaire qui, perpétuellement dans les noëls, s'occupe d'objets matériels et les introduit dans les choses divines.

M. Berreur haussa les épaules et M. du Pouget continua :

Saint Pierre appelle deux anges rebelles et leur confie l'abbé Chanu. En chemin, l'abbé cherche à interroger les anges sur l'enfer et sur la cause de son châtiment; les anges, tout en le plaignant, lui racontent ce qu'ils savent ; quantité de morts se sont plaints de l'abbé Chanu, qui faisait des injustices de son vivant.

— Vous avez fait gagner des procès injustes, lui dit un des anges; vous avez ruiné des pauvres gens qui vous regardaient comme un oracle; l'argent qu'ils vous payaient pour les frais que vous disiez vous être dûs, vous leur en redevez encore considérablement; vous êtes mort sans penser à restitution. Tous ces gens-là ont déposé contre vous. Mon pauvre abbé, vous êtes des nôtres, sans ressource et sans espérance.

A mesure qu'on approche, l'abbé trouve que la chaleur est énorme.

—Vous vous plaignez tôt, lui dit l'ange rebelle, ce n'est encore que la fumée.

—Encore s'il y avait audience, juges ou parlement, peut-être on pourrait juger plus sainement mon affaire.

Heureusement, on rencontre en chemin un huissier, M. Cossard.

— Bonjour, mon ami; bonjour monsieur Cossard ; comme vous voilà?

— Bien chaudement, monsieur l'abbé, dit l'huissier.

— Dites-moi, monsieur Cossard, n'y aurait-il pas moyen d'aller en purgatoire? M. Saint Jude y est. Si je le trouvais une fois, le diable aurait beau faire.

— Cela est vrai, répond M. Cossard, si vous y étiez une fois, ce serait bon. Voilà le chemin. Mais voyez le gros animal qui garde la porte : c'est lui qui gouverne tout; il s'appelle Cerbère, et il ne quitte jamais que par l'ordre de Griffon.

— M'obligeriez-vous bien, monsieur Cossard, de donner une assignation à Griffon, qui est si méchant?

— Pardevant qui? demanda l'huissier.

— Pardevant M. Pluton, dieu des enfers.

— A la bonne heure! Si cela vous oblige, je le veux bien.

L'abbé Chanu dicte alors l'exploit suivant : « L'an mil sept cent quatre-vingt-dix... »

— Vous avez dit dix-sept cent quatre-vingt-dix? demanda M. Richard.

— Ah! je n'y avais pas pensé, s'écria M. du Pouget, voilà la date de la publication trouvée.

— Cette date est bien moderne, dit M. de Boisdhyver, et concorde peu jusqu'ici avec le ton de la légende satirique.

Une discussion s'éleva alors sur le caractère de ce conte.

— Il est bien digne, en effet, de la sanglante Révolution, dit M. Berreur, et je ne comprends pas que M. du Pouget s'occupe de semblables pamphlets.

— Continuez, je vous prie, monsieur du Pouget, dit M. de Boisdhyver.

« L'an mil sept cent quatre-vingt-dix, le douzième jour de la présente année, à huit heures du matin, à la requête de M. l'abbé Chanu, détenu dans les Enfers de la Fournaise-Ardente, paroisse des Flammes-Dévorantes, il demande lieu et domicile dans le purgatoire, maison demeurante de M. Saint Jude, Jean-Nicolas Cossard, huissier exploitant par tous les enfers, demeurant rue du *Soufre-en-Feu*, soussigné, donne assignation à M. Griffon, directeur-général des lieux infernaux, demeurant rue du Goufre, paroisse des Eaux-Basses, à son domicile, parlant à sa personne, il m'a dit à comparoir jeudi prochain pardevant M. Pluton, pour se voir condamner. »

L'huissier part avec son exploit et va chez M. Griffon.

— Je suis, monsieur, dit-il, votre serviteur avec bien du respect. Voici un mot de lettre que M. l'abbé Chanu vous envoie. C'est un exploit pour porter au juge.

Griffon porte l'exploit.

— Monsieur Pluton, voyez une assignation que l'abbé Chanu m'a fait donner; il demande la liberté.

Pluton se fâche, dit que l'abbé est un insolent du premier ordre, et donne mission de faire déchaîner Cerbère pour dévorer ce téméraire abbé quand il arrivera.

Mais pendant qu'on a déchaîné Cerbère, l'abbé Chanu a profité de ce moment et a enfilé le chemin du Purgatoire.

— C'est bon, dit Cerbère, il ne trouvera pas les portes ouvertes pour y entrer; il reviendra sûrement.

Cependant on ne voit point reparaître l'abbé, et Cerbère gronde entre ses dents : On aurait mieux fait de me laisser à ma place que de me faire courir après cet homme-là ; je prévois que je ne le trouverai pas aisément.

Griffon, Cerbère et Pluton se tourmentent à raison : car l'abbé Chanu a pénétré dans le Purgatoire, où la première personne qui s'offre à lui est le membre du Parlement de Normandie.

— Monsieur Saint Jude, j'ai l'honneur de vous souhaiter le bonjour.

— C'est le pauvre petit abbé Chanu ! dit

M. Saint Jude. Ah! bonjour, mon ami. D'où venez-vous?

— Des enfers!

— Quoi! des enfers! Comment avez-vous fait pour en sortir?

— Je me suis d'abord présenté à saint Pierre : il m'a refusé et m'a renvoyé au diable : mais je souffrais trop : je l'ai fait attaquer par M. Cossard, que j'ai trouvé heureusement aux enfers. Quand le diable a vu mon assignation, il a été trouver le juge pour lui conter mon procès. On a déchaîné Cerbère après moi, il venait après ma culotte ; je l'ai aperçu de loin, et je me suis sauvé par le chemin où il était à garder à la porte, et je suis venu vous trouver.

— Qu'il a d'esprit ! ce pauvre petit abbé Chanu, s'écrie M. Saint Jude ; il me disait toujours bien qu'il se retirerait des mains du diable. Mais qu'allez-vous faire ici ? Je pars demain en Paradis.

— C'est bon, dit l'abbé, vous m'y mènerez avec vous, si vous voulez bien.

— Je le voudrais bien ; mais il n'est pas possible pour le moment, puisque saint Pierre vous a refusé.

— Mettez-moi sous votre robe, dit l'abbé Chanu, toujours inventif. Saint Pierre ne s'en doutera pas. Une fois que j'y serai entré, bien habile qui m'en chassera.

— J'aurai bien des reproches, dit M. Saint Jude en se consultant. N'importe, partons.

Ils arrivent à la porte du Paradis.

— Bonjour, saint Pierre, dit le membre du Parlement de Normandie. Votre pauvre saint Jude a fait son temps.

— Entrez, monsieur, dit saint Pierre, qui aperçoit seulement alors l'abbé Chanu,

Quel est cet homme-là ? Il est damné, qu'on le chasse !

— Ayez pitié de lui ! dit M. Saint Jude, c'est mon ami et mon clerc.

— Ah ! se dit l'abbé, j'y suis entré et j'y resterai. Quand on est une fois ici on n'en ressort jamais. Saint Pierre finit par en prendre son parti.

— Voilà, dit-il, un tour dont je ne me serais pas douté ; mais il n'entrera désormais aucune personne avec des robes qu'elles ne soient visitées aux portes.

— C'est excessivement spirituel, dit le

docteur qui avait quelquefois coupé le récit par de francs éclats de rire.

M. Berreur, aussitôt la lecture terminée, prit congé de M. de Boisdhyver et sortit.

— Je suis à peu près convaincu, dit l'évêque, que cette légende de l'abbé Chanu est bien antérieure à la date qui est indiquée dans le volume.

— Monseigneur a raison, dit M. du Pouget, et je suis heureux de me trouver de son avis ; il sera arrivé ce qui se passe journellement dans les imprimeries de Troyes, on habille les livres à la moderne, et on aura plaqué l'année 1790 dans l'exploit de l'huissier, afin de donner plus de piquant à la satire ; seulement j'en suis désolé, car je croyais avoir trouvé une édition-princeps, et ce n'est, évidemment, qu'une réimpression. A la prochaine séance, si Son Éminence est curieuse, j'apporterai quelques anciens noëls du pays dont j'ai retrouvé la musique, et si M. Cyprien y consent, il nous chanterait avec sa jolie voix ces mélodies simples et naïves qui tiennent à la fois du gazouillement des oiseaux et du chant des garçons de ferme.

M. de Boisdhyver donna avec plaisir son acquiescement à cette proposition, et M. du Pouget se retira chez lui, heureux de sa trouvaille, sans se douter des conséquences de cette soirée.

VII

L'hôpital.

Il était convenu que les dames Le Pelletier iraient visiter les Garnier à l'hôpital. Cyprien devait s'y trouver; Suzanne s'en fit une fête à l'avance : elle n'avait pas à cacher sa joie, quoique, si elle fût étudiée plus à fond, elle eût compris qu'un sentiment étranger à la bienfaisance se mêlait au plaisir de revoir l'aveugle et son mari. Suzanne ne raisonnait pas encore les émotions diverses qui l'assiégeaient chaque fois qu'elle se rencontrait avec Cyprien. Un nuage passait sur ses yeux ; le sang se portait avec des chaleurs nouvelles à sa figure ; sa respiration devenait indécise, et il lui fallait quelques minutes pour se remettre ; encore conservait-elle de ces phénomènes des impressions vagues, flottantes, qui ne parvenaient jamais à se dissiper entièrement. Elle se sentait entrer dans une nouvelle vie, et se surprenait maintenant pensive et marchant à pas lents dans le jardin, au lieu d'y courir et d'y sauter comme autrefois ; souvent elle s'asseyait sous une petite tonnelle pour y rêver, sans se rendre compte du temps qu'elle y passait ; il fallait que madame Le Pelletier l'appelât pour lui rappeler que depuis deux heures elle était au jardin ; alors, spontanément, Suzanne changeait de physionomie, redevenait riante, gaie, sautait et courait à sa mère pour l'embrasser ; mais c'était une petite comédie naïve de jeune fille, car Suzanne n'aurait pas voulu être surprise dans ses vagues contemplations intérieures : si madame Le Pelletier lui eût demandé à quoi elle pensait, elle eût été embarrassée et se fût troublée. Elle le savait et elle ne le savait pas. Dans ses rêveries passaient des félicités inconnues qui la surprenaient comme des senteurs apportées par les bouffées sur l'aile des vents. Souvent, dans le petit salon, Suzanne devenait distraite en travaillant ; elle poussait son aiguille machinalement, et si elle avait pu broder les rêves qui étaient en elle, elle n'eût pas trouvé de dessins assez suaves, des couleurs assez fraîches pour rendre les caprices de son imagination : il lui arrivait encore de ne pas répondre aux questions de madame Le Pelletier ; suivant pas à pas le déroulement de ses rêveries, elle n'entendait plus.

— Eh bien ! Suzanne, tu ne me réponds pas, lui disait sa mère.

Alors Suzanne, pour donner le change à ses propres idées et à celles qui pouvaient se faire dans l'esprit de sa mère, partait de sa jolie voix en improvisations musicales sans caractère précis, qui se teintaient, au début, d'une folle joie, pour arriver le plus souvent à des accents de tendresse. Les mères se laissent souvent tromper et prêtent peu d'attention à ces symptômes. Si madame Le Pelletier eût réfléchi, elle se fût étonnée de l'agitation que laissait paraître Suzanne le matin quand, sortant du lit, la jeune fille se jetait à genoux et faisait sa prière.

Il existe dans certain pays une habitude religieuse qui s'appelle *une communauté de prières*. Deux jeunes filles s'aiment d'une vive amitié, elles sont compagnes inséparables, et pour qu'elles portent partout leur souvenir, en se levant et en se couchant, l'une doit prier pour l'autre, l'autre pour l'une. Cette coutume normande fut indiquée à Cyprien par Suzanne, car la jeune fille ne savait pas déguiser l'affection qu'elle portait au jeune homme. A neuf heures du soir, Cyprien devait prier pour Suzanne, et Suzanne pour Cyprien ; la même prière se renouvelerait à six heures du matin. S'endormir, se réveiller avec un tel souvenir, c'était le consacrer, le river à l'esprit, s'en imprégner, le rendre éternel. La dernière action de la journée faisait penser à lui, à elle, la première encore à lui, toujours à elle ; Cyprien crut entrevoir le ciel quand Suzanne lui proposa si naïvement de s'associer à cette communauté de prières. Elle n'avait plus d'amies depuis la sortie du pensionnat, et elle regrettait de n'avoir pas de sœur.

— Et un frère, l'avez-vous quelquefois désiré? demanda timidement Cyprien qui se laissait aller à cette douce confiance que lui manifestait Suzanne quand à de rares moments il la rencontrait seule.

Cyprien et Suzanne devinrent frère et sœur, ils s'appelaient ainsi à voix basse; Suzanne retrouvait son instinct de femme pour cacher à sa mère les nouveaux sentiments intimes qui tous les jours prenaient racine et dont elle sentait la floraison prochaine. C'est ainsi que peu à peu une chaîne invisible se forgeait et attirait les deux jeunes gens l'un vers l'autre; peut-être au début la soudure eût-elle pu être brisée par un coup violent, maintenant il était presque impossible de la rompre. Suzanne se sentait attirée vers Cyprien, comme Cyprien fut entraîné vers Suzanne. La réflexion, froide raison, les préoccupations de l'avenir avec son escorte de tristes conséquences, avaient été expulsées violemment de la chambre où ils tenaient leurs conseils, par la jeunesse et l'amour. Ces deux enfants obéissaient à la nature et se laissaient conduire aveuglément par ce guide complaisant. Ils ne voyaient aucun mal à se regarder, et ils ne craignaient pas ces petites flammes mystérieuses dansant autour des prunelles comme la nuit le phosphore danse sur les flots de la mer. Sous les mots de frère et sœur se cachaient des mots plus dangereux, rampant sourdement comme Hamlet dans la scène des comédiens, se redressant tout à coup quand il n'est plus possible de les étouffer. La passion est absolue et dominatrice, elle prend tous les masques à commencer par la timidité pour se montrer impérieuse comme le brigand au coin d'un bois; si elle procède lentement, chacun de ses mouvements est calculé et elle ne recule jamais. Suzanne était prise par la passion comme ces malheureux ouvriers saisis par l'engrenage d'une machine dans une fabrique, et elle ne voyait pas encore le danger.

C'était un mercredi; depuis le dimanche seulement Suzanne était séparée de Cyprien. Aux inquiétudes qui l'assaillaient, nuit et jour, à ce souvenir plus étroitement attaché à elle que sa croix à son cou, elle devait reconnaître la pente fatale sur laquelle elle glissait; mais ces inquiétudes, cette séparation de deux jours, furent un nouveau charme pour elle, un charme un peu amer peut-être, qui devait lui rendre plus douce sa prochaine entrevue avec Cyprien. Ce jour-là elle devait le voir à l'hôpital, ainsi qu'il en avait été convenu avec madame Le Pelletier, et la tête tournait à Suzanne. Des sentiments nouveaux se dessinaient en elle, qu'elle était fière de constater. Elle ne se trouvait plus assez belle naturellement, elle eût voulu que sa toilette la fît paraître mille fois plus belle aux yeux de Cyprien. En la voyant dans sa chambre tordre ses cheveux, les détordre, les peigner sans cesse, leur faire subir d'innombrables caprices, mettre une robe de couleur, la changer pour une blanche, se regarder dans la glace avec inquiétude, s'asseoir, se relever, rêver, parler, madame Le Pelletier eût eu la clé des secrètes agitations de sa fille; mais la veuve n'aperçut que la réalisation de la toilette, et elle trouva Suzanne plus belle que de coutume sans pouvoir comprendre l'accélération de ce beau sang qui se jouait plus librement encore sur la figure de sa fille. Cependant l'impatience de Suzanne, pendant que madame Le Pelletier s'habillait, eût pu la dénoncer, mais la veuve croyait à l'impatience de revoir les Garnier.

Comme les deux dames allaient sortir,

un coup de sonnette fit tressaillir Suzanne.

— Vois donc qui ce peut être, dit madame Le Pelletier.

— Ah ! mon Dieu ! une visite, sans doute ; si je n'allais pas à la porte !

— Ce ne serait pas convenable, mon enfant, on pourrait nous voir sortir tout à l'heure.

Suzanne regardait par un des coins du rideau de la fenêtre et n'obéissait pas à sa mère.

— Je vais ouvrir, Suzanne, si tu ne veux pas.

Madame Le Pelletier fit quelques pas vers le corridor ; mais Suzanne se précipita à la porte.

— Bonjour, mesdames ; bonjour, Suzanne, dit le docteur Richard en entrant... Ah ! vous alliez sortir... je ne vous gêne pas ?

— Pas du tout, monsieur Richard, asseyez-vous, je vous prie.

Suzanne faisait une petite moue.

— Eh bien ! Suzanne est charmante avec ses cheveux coupés... On dirait qu'elle m'en veut encore de mon opération... Est-ce qu'elle n'a pas bien réussi ?

— Au contraire, monsieur Richard, dit madame Le Pelletier.

— Vous allez faire un tour de promenade, à ce que je vois ; je m'en vais, je reviendrai vous parler, madame Le Pelletier.

— Est-ce très important ?

—Pas assez pour vous empêcher de faire votre promenade.

— Nous allons à l'hôpital voir les Garnier, mais nous remettrons cette course à demain.

— Oh! dit le docteur, je ne veux pas me faire une ennemi de Suzanne; elle a toujours un petit levain contre moi, et elle tâche de rendre ses jolis yeux les plus méchants du monde; mais elle n'y arrivera pas. Il fait un temps de soleil, Suzanne s'ennuie d'être restée si longtemps dans son lit, elle veut réparer le temps perdu, rien de plus naturel, mais j'ai un moyen de la contenter : Suzanne pourrait aller seule à l'hôpital, nous causerions ensemble, madame Le Pelletier; et rien ne vous empêcherait d'aller retrouver Suzanne dans une heure.

— Veux-tu, maman?... demanda Suzanne.

— Allons ! tu brûles d'envie de sortir.

— Adieu, monsieur Richard, dit Suzanne en présentant son front au docteur.

— Voilà ce qu'on gagne, dit le médecin,

quand on sait lire dans les yeux des jeunes filles.

— Vous avez à me parler de Suzanne, docteur? quand celui-ci fut assis.

— Précisément, madame, je viens continuer un petit entretien commencé il y a bientôt trois mois. Que pensez-vous d'un jeune homme qui, depuis plus de deux ans, ne rêve qu'à votre fille, se contente de passer devant ses fenêtres, craint de se montrer, soupire en secret, n'a qu'un nom dans la tête, celui de Suzanne, et applique toutes ses forces à cacher ses impressions? J'ai reçu les confidences du jeune homme, qui s'est enfin décidé à parler à quelqu'un et c'est à moi qu'il s'est adressé. Vous ne vous doutez pas combien cet aveu a été long à sortir, on eût dit qu'il lui brûlait la gorge ; aussitôt lâché, il aurait voulu le rattraper.

— Et ce jeune homme s'appelle ?...

— Tout à l'heure je vous le dirai : il faut d'abord commencer par ses titres, il n'a pas de fortune. Qu'en pensez-vous, madame Le Pelletier. Je n'ai pas voulu vous surprendre, le jeune homme m'intéresse, mais il n'a pas de fortune et il n'en aura jamais.

La veuve ne répondait pas.

— Dois-je vous laisser réfléchir sur cette idée jusqu'à demain, nous envisagerons les autres ensuite.

— Non, docteur, mais vous devez penser dans quelles hésitations je me trouve quand il s'agit du bonheur de Suzanne. Je ne tiens pas à la fortune, je n'y ai jamais tenu : certainement mon enfant pense comme moi ; elle est habituée à vivre très simplement, elle est bonne, obéissante, pas coquette, et elle ne changera pas ; mais pas de fortune !

— C'est bien peu, dit le docteur, seulement nous avons une petite place de douze cents francs qui pourra un jour s'étendre jusqu'à quinze.

— On est bien à l'étroit, monsieur Richard, avec douze cents francs, et si nous ne faisions pas avec Suzanne, nos robes, nos chapeaux, notre cuisine, notre ménage, jamais nous ne pourrions joindre les deux bouts. J'ai toujours souhaité que Suzanne continuât ce train de vie dans son ménage, une femme est plus occupée, elle est tenue par ces mille détails, elle a moins de temps à dépenser, elle ne trouve pas une heure de désœuvrement, la coquetterie ne sait à quel moment entrer...

— Vous avez bien raison, madame.

— Mais cependant un peu de superflu ne nuit pas ; je laisserai un jour à Suzanne deux mille livres de rente intactes, j'aurais souhaité que son mari lui en apportât à peu près autant.

— Je n'ai pas encore tout dit, continua le docteur ; il y a une mère qui s'oppose à ce mariage.

— Le fils est donc d'une condition élevée ?...

— Point ; mais le jeune homme est sous la tutelle de sa mère, il ne l'a jamais quittée, il lui obéit entièrement.

— Ce n'est pas un mauvais fils.

— Au contraire, c'est un très bon fils, mais il est d'une timidité... Il passait tous les jours devant vos fenêtres pour entrevoir l'ombre de Suzanne, car on ne peut guère que deviner derrière ces rideaux de mousseline; eh bien! je suis persuadé que s'il croyait avoir été remarqué un jour par Suzanne, il ne serait plus revenu.

— Jamais je ne m'en suis aperçue, Suzanne non plus, elle me l'aurait dit; cependant, il passe bien peu de monde dans la rue, et vous dites, monsieur Richard, qu'il venait souvent.

— Quatre fois par jour.

— Mais ce jeune homme si timide est bien compromettant.

— Pas le moins du monde. Tenez voici sa méthode.

Le docteur Richard se leva et imita l'allure de Jousselin dans la rue.

— Vous croyez peut-être que son regard essayait de plonger derrière les rideaux ; jamais l'idée ne lui en est venue, il eût frémi de son audace ; son bonheur était de passer dans la rue et de dire : Elle demeure là. Quand il arrivait près de vos fenêtres, il détournait la tête et regardait la maison d'en face, car je me suis amusé à le gronder sur ses démarches, et il m'a expliqué comment il a vu Suzanne pour la première fois à votre bras, sur la promenade des Ormes. Il y a un an de cela, et il ne l'a plus revue.

— Il l'aime vraiment?

— Vous jugerez s'il l'aime, dit le docteur. Sans l'accident de la Fête-Dieu, il est présumable que je n'aurais jamais reçu la visite de notre jeune homme. Le bruit se répandit dans la ville que Suzanne était beaucoup plus malade que dans la réalité. Alors le jeune homme a perdu un peu de sa timidité; me sachant votre médecin et votre ami, il est accouru chez moi, plus ému et plus tremblant que s'il était menacé d'un coup affreux. Quand il m'eût dit l'objet de sa visite, j'ai été curieux de connaître jusqu'où pourrait aller son amour; et je lui ai dit: « Suzanne est perdue pour le monde : sa figure est brûlée ; elle est défigurée pour la vie. »

— Oh! c'est affreux, s'écria madame Le Pelletier.

— N'est-ce pas?

— Vous me faites frémir quand je songe que vous pouviez dire vrai.

— Notre jeune homme a pâli et a secoué très vite son émotion. Je l'aime malgré tout, m'a-t-il dit.

— A la bonne heure, dit madame Le Pelletier, voilà qui est beau. Ma pauvre Suzanne mérite bien d'être aimée ainsi.

— Je ne me crois pas un homme bien ingrat, continua le docteur, mais si dans ma jeunesse j'avais rencontré une femme belle comme Suzanne, si j'en étais devenu amoureux et que tout d'un coup, par un accident quelconque, elle eût perdu les agréments de sa figure, je crois que j'aurais demandé quelques jours de réflexion.

— Les hommes aiment malheureusement de la sorte, dit la veuve.

— J'ai guéri plusieurs jeunes personnes de la petite vérole, c'est-à-dire que je les ai rendues à la vie ; quant à leur visage, il était mort : elles devenaient des femmes très difficiles à établir.

— Dites-moi donc le nom de votre jeune homme ?

— Il s'appelle Jousselin, il est attaché à la sous-préfecture.

— Ce M. Jousselin a un beau caractère et je raconterai ses projets à Suzanne.

— Maintenant le danger est loin, dit le docteur, Suzanne n'est pas brûlée, elle ne s'inquiètera peut-être pas de ce que M. Jousselin pensait pendant sa maladie.

— Oh! docteur, vous accusez bien gratuitement Suzanne.

— Non; si elle n'a aucune sympathie pour le jeune homme, et elle n'en a pas puisqu'elle ne le connaît pas, il lui importe peu qu'un homme l'admire même défigurée; maintenant, à supposer qu'elle rencontre M. Jousselin, qu'il ne lui plaise pas, lui doit-elle de la reconnaissance pour sa belle action?

— Sa belle conduite, dit madame Le Pelletier, peut faire naître la reconnaissance.

— Savez-vous que mon jeune homme a été presque fâché de savoir que Suzanne guérirait et serait aussi belle que par le passé? Il est devenu tout triste quand je lui appris cette nouvelle, de même qu'il m'avait paru joyeux quand je lui ai appris la défiguration.

— Cela s'explique par la timidité dont vous parliez, docteur.

— Oui, je me rends compte de ce qui se

passait dans l'esprit du jeune homme : Suzanne belle, il craint d'être refusé, tandis que laide et brûlée, il se voyait plus de chance.

— Vous aurait-il demandé positivement la main de Suzanne ?

— Il n'était pas en mon pouvoir de la lui accorder; il ne demande rien que des nouvelles de Suzanne, et quand je l'ai invité à venir me voir quelquefois, j'ai cru qu'il se jetterait à mes genoux. C'est un honnête garçon.

— Que me conseillez-vous, docteur? Faut-il en parler à Suzanne ?

— N'y mettez pas trop de solennité, madame Le Pelletier, ne parlez ni d'engagement, ni de mariage. Les jeunes filles bronchent souvent à ce mot, et les plus douces deviennent rétives et difficiles on ne sait pas pourquoi. A votre place, en causant de choses et d'autres, j'amènerais la conversation sur ce terrain ; je raconterais, ce que je vous ai dit de M. Jousselin, et je ne conclurai pas, laissant à l'esprit et au cœur de Suzanne le soin d'analyser la conduite et les paroles du jeune homme. Soyez sans crainte, Suzanne, le lendemain, peut-être le jour même, voudra en savoir davantage, et c'est elle qui vous mettra sur la voie et vous dictera la conduite à suivre.

Sans se douter que son avenir était discuté

à cette heure, Suzanne marchait d'un pas agile vers l'hôpital, sans s'inquiéter de cette sorte d'entretien mystérieux que le docteur avait demandé à madame Le Pelletier ; quoique sa mère n'eût jamais eu de secret pour elle, Suzanne était loin de penser qu'on s'occupait d'elle pour des matières si délicates. A ce moment elle n'avait qu'un but, une idée, rencontrer Cyprien, le voir et l'entendre. Il était convenu que sur les deux heures Cyprien se trouverait dans la chambre des Garnier, logés dans un petit pavillon faisant suite à la grande salle. La chambre à deux lits où furent installés les Garnier, grâce aux recommandations de M. de Boisdhyver et à l'intérêt que leur portait le docteur, n'avait rien de commun avec les chambres d'hôpital. Le carreau en était rougi et verni avec soin, les murailles peintes en jaune clair, des rideaux blancs aux fenêtres et au lit, donnaient à cet endroit une sorte de tranquillité qui pouvait faire croire au père Garnier qu'il était dans son ménage. Sauf cette tranquillité absolue, les pas retentissants des infirmiers dans les corridors, la rencontre de quelques convalescents se traînant au soleil, la présence des sœurs avec leur costume bleu et blanc, beaucoup d'indigents eussent regardé l'hôpital comme un palais; chaque jour M. Richard s'efforçait de faire disparaître le moindre appareil claustral. En entrant dans la cour plantée de beaux tilleuls qui formaient le carré autour d'un grand boulingrin de gazon toujours entretenu avec un grand soin, l'aspect de ce grand tapis de verdure faisait oublier l'hôpital; des deux côtés du boulingrin allaient et venaient, ou jouaient aux boules, les convalescents de l'établissement.

Suzanne fut frappée du costume uniforme des malades; cette grande houppelande grise sous laquelle se mouvaient des membres fatigués, ces bonnets de coton qui recouvraient des figures amaigries, jaunes et pâles, des yeux enfoncés, des pommettes saillantes, des physionomies tout à la fois étonnées et sérieuses, produisirent sur elle une impression de tristesse. Elle regardait avec inquiétude si le père Garnier ne se trouvait pas au milieu de ces pauvres gens, divisés par groupes se livrant à divers exercices. Des boiteux se promenaient isolés sur leurs béquilles, qui les condamnaient à l'isolement : essayant le mode de locomotion que nécessitait l'opération d'un membre, une jambe emportée, des pieds écrasés, il leur était difficile de suivre une conversation, et toute leur intelligence était dirigée dans la manœuvre des béquilles. D'autres malades cheminaient lentement en causant, et cherchaient à retrouver des forces épuisées. Dans un angle formé par la muraille, on voyait accroupis au soleil ceux qui sortaient de leur lit pour la première fois ; toutes leurs idées étaient tournées vers le soleil ; ils l'attendaient chaque jour avec autant d'impatience que la soupe, et, sous l'influence de l'astre bienfaisant, ils semblaient renaître à une seconde vie.

Des enfants infirmes couraient à travers les groupes, criaient et se jouaient, malgré les maladies ; toute cette population habillée de gris, numérotée au milieu du dos, fit hâter le pas à Suzanne, pour qui ce spectacle était trop douloureux. En ce moment deux heures sonnaient à l'horloge de la façade ; aussitôt apparut dans l'esprit de la jeune fille le souvenir de Cyprien qui enleva subitement ces pénibles impressions. *Il allait venir !* Suzanne s'arrêta à la grande porte qui ouvre sur les corridors du rez-de-chaussée ; c'était la chambre numéro huit que le concierge avait désignée comme séjour de Garnier, au fond du corridor; mais en entendant l'heure, Suzanne avait oublié presque l'aveugle et son mari; son regard traversa l'allée des tilleuls, l'avant-cour pavée, et s'arrêta à une petite porte grise donnant sur la façade de l'hôpital, près de la loge du concierge, par laquelle Cyprien devait entrer. Sans être vue, Susanne voulait voir entrer Cyprien, son air de physionomie en venant au rendez-vous, sa démarche, mille signes imperceptibles appréciés seulement des jeunes gens qui aiment. Masquée par la verdure du feuillage, Suzanne pourrait contempler un moment à son aise celui sur lequel, d'habitude, elle osait à peine lever les yeux à la dérobée.

Il y a derrière le principal corps de bâtiment un petit jardin entièrement clos de murs où vont se promener les religieuses et les personnes qu'elles reçoivent : nul regard indiscret n'y peut pénétrer; les seules ouvertures viennent des cuisines situées au-dessous du sol, qui ne permettent pas aux gens occupés aux marmites de voir dans ce jardin. Cyprien le connaissait pour y avoir été reçu à la suite de l'évêque par la supérieure de l'hôpital; à plusieurs reprises invité à se reposer dans cet endroit tranquille, plein de soleil, connaissant les habitudes de la communauté, Cyprien voulait y conduire Suzanne, certain de n'être pas troublé par les religieuses qui de deux à quatre heures sont occupées les unes à prier, les autres à veiller au dîner et à différentes occupations. Se trouver seul avec Suzanne dans ce petit enclos, tel avait été depuis longtemps le rêve chéri de Cyprien, quoiqu'il n'en eût pas fait part à la jeune fille. Quand même des religieuses eussent rencontré les deux jeunes gens, il n'y avait aucun danger, la visite aux Garnier servait de manteau à cette rencontre.

Cependant Cyprien ne venait pas, et Suzanne, inquiète, n'osait rester plus longtemps dans la cour, sur le passage des malades qui l'avaient déjà regardée après avoir fait le tour du boulingrin. Indécise, ne sachant si elle devait aller à la chambre de Garnier, ayant entendu un nouveau quart d'heure sonner à l'horloge, craignant que sa mère ne vînt avant l'heure indiquée, Suzanne allait se diriger dans l'intérieur de l'hôpital, lorsqu'elle aperçut Garnier lui-même qui se traînait avec une certaine difficulté vers le pavillon des femmes. Suzanne courut à lui, lui prit les mains, et, de sa voix musicale, souhaita le bonjour au bonhomme, qui ouvrit de grands yeux comme s'il sortait d'un rêve.

— Vous ici, mademoiselle... Ah! quel bonheur!... ma pauvre femme va être bien heureuse... Je croyais bien ne plus vous voir...

Le vieillard avait des larmes dans les

yeux ; les malheureux des hôpitaux, des prisons, sentent leur sensibilité redoubler et craignent de se voir abandonnés; connaissant l'égoisme des gens libres parce qu'ils ont été libres eux-mêmes, ils attachent une suprême importance à ceux qui viennent les visiter; détachés du monde, ils savent combien les exigences de la société rendent le monde oublieux. La visite d'un être chéri fait plus de bien à un malade que toutes les médecines ; le prisonnier en oublie ses fers, son cachot ; tous deux échappent momentanément à la prison, à l'hospice, et se croient en liberté, en santé tant que dure la visite.

— J'allais chercher ma femme, ma chère

demoiselle, dit Garnier, qui releva son dos voûté et qui retrouva dans son émotion les jambes qui le menaient au combat quarante ans auparavant.

— Comment va-t-elle? demanda Suzanne.

— Elle est bien triste, allez, mademoiselle; elle ne croit plus à ses yeux, et elle n'a que trop raison. Le médecin aussi a raison; maintenant, c'est fini pour toujours... Nous ne sommes plus ensemble...

— Comment! on vous a séparés?

— Cela ne pouvait être autrement, ma chère demoiselle ; ma femme est à l'infirmerie, au premier ; moi, je suis en bas ; seulement, tous les jours je vais la chercher pour la mener au soleil. Je ne crains qu'une chose, c'est que mes jambes manquent tout à coup ; tous les deux nous avons besoin l'un de l'autre : moi, je lui sers à la guider ; elle, m'aide à marcher ; j'ai des yeux et elle a des jambes... Ma chère demoiselle, dit-il en s'arrêtant à la porte qui conduit à l'infirmerie, ne montez pas, ce n'est pas la peine, ma femme va descendre avec moi... Une infirmerie, ce n'est pas beau à voir.

— Vous allez vous fatiguer, mon pauvre Garnier.

— Oh! non, mademoiselle; quand il s'agit de promener ma femme, j'oublie mes jambes, Dieu veut bien encore me les conserver pour quelques heures.

Pendant les dix minutes qui suivirent le départ du vieillard, Suzanne put aller à son observatoire sous les tilleuls, et, pendant ce court espace, elle tressaillit deux fois au son de la sonnette de la porte d'entrée, croyant qu'elle allait voir arriver Cyprien : c'étaient des sœurs, des ouvrières qui venaient à l'hôpital ; mais la jeune fille fut distraite de ses pensées par l'arrivée de l'aveugle, profondément triste et subissant, plus que son mari, l'influence de l'hôpital, quoiqu'elle ne le vît pas. Le mot

d'*infirmerie*, qui retentissait à ses oreilles,
l'affligeait chaque fois qu'il était prononcé;
elle n'osait le dire à son mari de crainte de
le chagriner ; aussi ses peines concentrées
produisaient sur sa physionomie une expression pénible et mélancolique dont sont
atteints à de certains degrés les malheureux privés de la vue. Quelquefois cependant la Garnier se laissait aller à l'expression de ses douleurs accumulées, qui écla-
taient comme de la vapeur trop longtemps
comprimée. Suzanne, sans deviner com-
plètement ces douleurs profondes, remar-
qua cependant une partie des peines qui
se peignaient sur la figure de l'aveugle;
elle la prit sous le bras et essaya des con-
solations qui, prononcées par sa voix douce
et jeune, prenaient un accent sympathique

dont il était difficile de ne pas subir l'impression. L'espérance rentra pendant cette promenade dans le cœur de la Garnier. Suzanne appelait ses intonations les plus pures et les plus sincères pour persuader la Garnier que M. Richard était loin de désespérer de l'opération ; elle faisait un tableau de la vie heureuse et tranquille que mèneraient alors les deux vieillards habitant ensemble dans une même chambre, à l'Hôtel-Dieu, et la persuasion faisait oublier aux deux vieux époux la situation dans laquelle ils se trouvaient. Ainsi que d'habitude, Garnier parla de son jeune homme, qui venait les voir souvent et qui les avait entretenus longuement de la maladie de Suzanne. Le nom de Cyprien rappela à la jeune fille qu'elle l'attendait déjà depuis longtemps, et une ombre passagère se glissa dans cette belle après-midi consacrée à la charité, car Suzanne avait eu tellement à cœur de consoler l'aveugle, qu'elle en oublia momentanément l'heure heureuse qui devait lui faire rencontrer Cyprien. Bientôt madame Le Pelletier vint rejoindre sa fille, et cette double visite ne contribua pas peu à ramener la tranquillité dans le cœur de l'aveugle.

FIN DU TROISIÈME VOLUME.

TABLE DES CHAPITRES.

		Pages
Chap.	I. La distributions de pains	1
—	II. Le gourmand chanoine.	47
—	III. L'employé	89
—	IV. Déceptions d'un souffleur d'orgues.	135
—	V. Félicités musicales	177
—	VI. La légende de l'abbé Chanu	221
—	VII. L'hôpital	267

FIN DE LA TABLE.

Fontainebleau, imp. de E. Jacquin.

Le Spectre de Châtillon, par Élie Berthet. . .	5 vol.
Un Zouave, par Charles Deslys.	5 vol.
Le Lord de l'Amirauté, par Adrien Robert . .	3 vol.
Un Portier qui se dérange, par Marc Leprevost.	3 vol.
La Nanette, par Prosper Vialon.	3 vol.
Le comte de Vermandois, par le bibliophile Jacob	7 vol.
Georgine, par madame Ancelot.	2 vol.
Une Anglaise sur le continent, par Prosper Vialon.	4 vol.
Histoire de ma vie, par George Sand.	20 vol.
La comtesse de Bossut, par la comtesse Dash .	3 vol.
Un Monde inconnu, par Paul Duplessis. . . .	2 vol.
La Pénélope normande, par Alphonse Karr. . .	2 vol.
La Perle du Palais-Royal, par X. de Montépin.	3 vol.
Une Passion diabolique, par Maximilien Perrin.	2 vol.
Sophie Printemps, par Alexandre Dumas fils . .	2 vol.
La Princesse Palatine, par la comtesse Dash .	3 vol.
Le Capitaine Bravaduria, par Paul Duplessis. .	2 vol.
La famille Jouffroy, par Eugène Sue.	7 vol.
Le corps franc des Rifles, par Mayne-Reid.. .	4 vol.
L'Ensorcelée, par Barbey d'Aurevilly.	2 vol.
Les Hommes des Bois, par le marquis de Foudras	2 vol.
Blanche fleur, par Paul Feval	2 vol.
Deux routes de la vie, par G. de la Landelle . .	4 vol.
La belle Aurore, par la comtesse Dash.	6 vol.
L'Idiot, par Xavier de Montépin.	5 vol.
Le Coureur des Bois, par Gabriel Ferry . . .	7 vol.

Fontainebleau. — Imp. de E. Jacquin.

www.ingramcontent.com/pod-product-compliance
Lightning Source LLC
Chambersburg PA
CBHW060630170426
43199CB00012B/1506